Gabriel Uhlich: Paul Gerhardt, um 1707/1717, Kupferstich

Unbekannter Künstler: Gedächtnisbild für den kurfürstlich brandenburgischen Rat Johann von Kötteritz und seine Ehefrau Caritas, geb. Distelmeyer, 1616, Öl auf Holz, Ausschnitt mit Blick in die Nikolaikirche

50 Blicke auf Paul Gerhardt

Claudia Wasow-Kania
Konrad Klek

50 Blicke auf Paul Gerhardt

Leben und Streit, Werk und Wirkung

Im Auftrag der Paul Gerhardt Gesellschaft
herausgegeben von Albrecht Henkys

EVANGELISCHE VERLAGSANSTALT
Leipzig

Die Deutsche Nationalbibliothek verzeichnet diese Publikation in der Deutschen Nationalbibliographie; detaillierte bibliographische Daten sind im Internet über http://dnb.dnb.de abrufbar.

2., korr. Auflage 2026

Printed in Germany

Das Buch wurde auf alterungsbeständigem Papier gedruckt.

Bei Fragen zur Produktsicherheit wenden Sie sich bitte an info@eva-leipzig.de.

Gesamtgestaltung: makena plangrafik, Leipzig
Druck und Binden: BELTZ Grafische Betriebe GmbH, Bad Langensalza

ISBN 978-3-374-07992-6
www.eva-leipzig.de

Geleitwort

»Es muß eine musikalisch hohe Zeit damals in Berlin gewesen sein, als an der ersten Pfarrkirche drei Männer vom Range Crügers, Gerhardts und Hintzes zusammenwirkten. Nie wieder in glücklicheren Zeiten hat die Sonne der Berliner Musikkultur so hell gestrahlt, wie an dem Morgen, da sie aus der Nacht des Dreißigjährigen Krieges aufging.«

So euphorisch äußerte sich der Musikethnologe und -historiker Curt Sachs in seiner 1908 erschienenen *Musikgeschichte der Stadt Berlin bis zum Jahre 1800* und beförderte damit ein vielleicht auch heute verbreitetes Missverständnis: Paul Gerhardt sei ein Musiker, denn seine Lieder werden gesungen, und Gesang ist Musik. Richtiger müsste es dann aber heißen: Paul Gerhardt war ein *Sänger*. Denn zu singen war in der Zeit des Barock eine kulturprägende Lebensäußerung. Man sang in Kirchen und auf bürgerlichen Festen, bei Hofe oder im Familienkreis. Mit Martin Opitz' bahnbrechendem *Buch von der Deutschen Poeterey* aus dem Jahre 1624 entwickelte sich das 17. Jahrhundert geradezu zur Epoche des Liedes. Man trug auch Gedichte singend vor, wenn keine Noten dabeistanden, denn für die in der Dichtung gebräuchlichen Versmuster stand allen ein Repertoire jeweils darauf passender Melodien zur Verfügung. Das machte sich auch Johann Crüger zunutze – wenn wir ihn an dieser Stelle einmal nicht als Melodienschöpfer und Tonsetzer ansprechen –, indem er neuen Liedtexten in seinen Gesangbuchausgaben oft auch schon bekannte Melodien zuordnete. Und Paul Gerhardt, der wohl nachhaltig erfolgreichste Textdichter jener Zeit, wird sich auch selbst als Sänger gesehen haben, denn das Motiv des

Singens zieht sich durch sein gesamtes dichterisches Werk: *Wach auf mein Herz und singe / Ich singe dir mit Herz und Mund / Du meine Seele, singe* – bei vielen bis heute gebräuchlichen Liedern steht *Singen* bereits in der Kopfzeile. Der Gesang war für Paul Gerhardt also nicht zuerst eine Frage der Melodie, sondern des Wortes. Musikalisch gestaltet konnten diese Worte aber direkt ins Herz gelangen.

So schließt sich hier der Kreis: Wo Curt Sachs von einer »musikalisch hohen Zeit« und dem Glanz der »Musikkultur« in jenen Jahren schreibt, ist eigentlich die ›hohe Zeit des Liedes‹ als eine Glanzperiode der (Berliner) Kulturgeschichte angesprochen. Paul Gerhardt, dem Dichter, Johann Crüger, dem Gesangbucheditor und Melodienschöpfer, sowie auch Musikern wie Johann Georg Ebeling und Jakob Hintze verdanken wir die Blüte dieser ›Epoche des Liedes‹, die bis heute fortwirkt. Wären Paul Gerhardts Texte nicht in Gesangbüchern präsentiert und demzufolge in Kirchen und Häusern gesungen worden, hätten diese Lieder nicht schon damals so schnell an Popularität gewonnen, würde das mit seinem Namen verbundene Werk längst vergessen sein. Dass es aber bei vielen Menschen zumindest leise ›klingelt‹, wenn sie den Namen Paul Gerhardt hören, wenn zumindest sein *Sommergesang* oder das Lied *Nun ruhen alle Wälder* quer durch Generationen und Weltanschauungen zum kulturellen Gemeingut gehören, liegt in jener kulturellen Blütezeit begründet.

Dass Paul Gerhardt und seine Dichtung dafür in ganz besonderer Weise stehen, möchten wir in unserem Büchlein mit Texten und Bildern erschließen. Dabei geht es nicht allein um die geistliche Dimension seines Schaffens, sondern auch um die soziokulturellen Verhältnisse in seiner Zeit und um die theologiepolitischen Auseinandersetzungen, mit denen er konfrontiert war, um die besondere Qualität seines dichterischen Schaffens und um die Rezeption seiner Texte bis in die heutigen

Tage. *50 Blicke auf Paul Gerhardt*, das sind 50 ›Schlaglichter‹ auf sein Leben und sein Werk im Kontext der Zeiten. Nicht in Form einer kompakten Monografie, sondern in kurzen Kapiteln zum Nachblättern werden hier Themen und Kontexte beleuchtet. Dabei hält jeder der in möglichst verständlicher Sprache dargelegten Aspekte der wissenschaftlichen Überprüfung stand und fußt auf dem jeweils aktuellen Forschungsstand. Um der besseren Lesbarkeit willen haben wir allerdings auf Fußnoten und Quellennachweise verzichtet und zitieren die Quellentexte in moderner Umschrift. Zugunsten der Verständlichkeit haben wir bewusst Textredundanzen in Kauf genommen.

Dieses Büchlein zum 350. Todesjahr Paul Gerhardts 2026 hat eine längere Vorgeschichte. Konzeptionell und inhaltlich reicht es zurück bis vor das letzte große Jubiläumsjahr 2007 zum 400. Geburtstag des Dichters. Damals präsentierte das Stadtmuseum Berlin in der Berliner Nikolaikirche, seiner Hauptwirkungsstätte, die kulturgeschichtlich umfassende und raumgreifende Ausstellung *unverzagt. Paul Gerhardt – ein Berliner Dichter und Bekenner*. In gemeinsamer Vorbereitung durch Mitarbeitende des Museums und Fachleuten aus der Paul-Gerhardt-Gesellschaft, darunter deren Präsident Christian Bunners, dessen Stellvertreterin Susanne Weichenhan und der Hymnologe Jürgen Henkys, sollte die Ausstellung das Leben und Wirken Paul Gerhardts entlang seiner ›Dienstorte‹ innerhalb der Kirche greifbar machen und kulturgeschichtlich einbetten. Von diesem Anspruch wurde der Autor dieser Zeilen dann auch als Kurator der 2010 eröffneten Neueinrichtung der Nikolaikirche geleitet, indem er sein Konzept für die Jubiläumsausstellung 2007 in übertragener Form auch auf die Paul Gerhardt gewidmeten Bereiche der neuen Dauerausstellung anwendete. Dazu gehört u. a. eine Lernstation im Umfeld der Kanzel, die Gerhardts Leben und Wirken unter drei Ordnungsbegriffen erschließbar macht: *Leben, Werk, Streit*. Und bei einer Medienstation auf der Empore können die bei der

Lernstation angerissenen Themen anhand eines Begleitbuchs aus der Feder von Claudia Wasow-Kania vertieft werden. Auch hier trugen Expertinnen und Experten der Paul-Gerhardt-Gesellschaft wieder hilfreich bei.

Für diese *50 Blicke auf Paul Gerhardt* wurden die der Lernstation und dem Begleitbuch zugrunde liegende Struktur sowie zahlreiche Texte übernommen, überarbeitet sowie durch weitere Themen und Texte von Konrad Klek, dem jetzigen Präsidenten der Paul-Gerhardt-Gesellschaft, erweitert, so auch die Präsentation von einzelnen Gerhardt-Liedern mit texterschließender Interpretation. Vorgestellt wird dabei auch das erst kürzlich entdeckte Lied zum Tod eines fünfjährigen Mädchens. So wurzelt das vorliegende Büchlein in einer Zusammenarbeit, die vor 20 Jahren ihren Anfang nahm.

Berlin im August 2025
Albrecht Henkys (im Namen der
Paul-Gerhardt-Gesellschaft e. V.)

Inhalt

WIRKUNG

»Testament« Paul Gerhardts für seinen Sohn (Frühjahr 1676)

Nachdem ich nunmehr das 70. Jahr meines Alters erreichet, auch dabei die fröhliche Hoffnung habe, dass mein lieber frommer Gott mich in kurzem aus dieser Welt erlösen und in ein besseres Leben führen werde, als ich bisher auf Erden gehabt habe, so danke ich ihm zuvörderst für alle seine Güte und Treue, die er mir von meiner Mutter Leib an bis auf jetzige Stunde an Leib und Seele und an allem, was er mir gegeben, erwiesen hat.
Daneben bitte ich ihn von Grund meines Herzens, er wolle mir, wenn mein Stündlein kommt, eine fröhliche Abfahrt verleihen, meine Seele in seine väterlichen Hände nehmen und dem Leibe eine sanfte Ruhe in der Erde bis zu dem lieben jüngsten Tage bescheren, da ich mit allen Meinigen, die vor mir gewesen und auch künftig nach mir bleiben möchten, wieder erwachen und meinen lieben Herrn Jesum Christum, an welchen ich bisher gegläubet und ihn doch nie gesehen habe, von Angesicht zu Angesicht schauen werde.
Meinem ein[z]igen hinterlassenen Sohn überlasse ich von irdischen Gütern wenig, dabei aber einen ehrlichen Namen, dessen er sich sonderlich nicht wird zu schämen haben. Es weiß mein Sohn, dass ich ihn von seiner zarten Kindheit an dem Herrn meinem Gott zu eigen gegeben, dass er ein Diener und Prediger seines heil. Wortes werden soll. Dabei soll er nun bleiben und sich daran nicht kehren, dass er nur wenig gute Tage dabei haben möchte, denn da weiß der liebe Gott schon Rat zu und kann das äußerliche Trübsal mit innerlicher Herzens-Lust und Freudigkeit des Geistes genugsam ersetzen.
Die heilige Theologiam studiere in reinen Schulen und auf unverfälschten Universitäten und hüte dich ja vor Synkretisten, denn die suchen das Zeitliche und sind weder Gott noch Menschen treu. In deinem gemeinen Leben folge nicht böser Gesellschaft, sondern dem Willen und Befehl deines

Gottes. Insonderheit 1. tue nichts Böses in der Hoffnung, es werde heimlich bleiben, denn es wird nichts so klein gesponnen, es kommt an die Sonnen. 2. Außer deinem Amte und Berufe erzürne dich nicht. Merkst du denn, dass der Zorn dich erhitzet habe, so schweige stockstill und rede nicht eher ein Wort, bis du erstlich die zehn Gebote und den christl. Glauben bei dir ausgebetet hast. 3. Der fleischlichen sündlichen Lüste schäme dich, und wenn du dermaleinst zu solchen Jahren kommst, dass du heiraten kannst, so heirate mit Gott und gutem Rat frommer, getreuer und verständiger Leute. 4. Tue Leuten Gutes, ob sie dir es gleich nicht zu vergelten haben, denn was Menschen nicht vergelten können, das hat der Schöpfer des Himmels und der Erden längst vergolten, da er dich erschaffen hat, da er dir seinen lieben Sohn geschenket hat und da er dich in der heiligen Taufe zu seinem Kinde und Erben auf- und angenommen hat. 5. Den Geiz fleuch als die Hölle, lass dir genügen an dem, was du mit Ehren und gutem Gewissen erworben hast, obs gleich nicht allzu viel ist. Bescheret dir aber der liebe Gott ein Mehres, so bitte ihn, dass er dich vor dem leidigen Missbrauch des zeitlichen Gutes bewahren wolle.
Summa: [B]ete fleißig, studiere was Ehrliches, lebe friedlich, diene redlich und bleibe in deinem Glauben und Bekenntnis beständig, so wirst du einmal auch sterben und von dieser Welt scheiden willig, fröhlich und seliglich! Amen.

(Siehe dazu die Ausführungen S. 52)

Nikolaikirche Berlin, Gedenktafel an der Westwand
Diese Tafel wurde am 10. März 1957 aus Anlass des 350. Geburtstags von Paul Gerhardt an der Kirchenruine angebracht und von Präses Kurt Scharf enthüllt, auch wenn die Zukunft der Kirche damals noch völlig ungewiss gewesen ist. Vermerkt ist ein falsches Sterbedatum. Vermutlich handelt es sich dabei um das Datum des Begräbnisses.

LEBEN

Kindheit – Gräfenhainichen (1607–1622)

Paul Gerhardt wurde am 12. März 1607 in Gräfenhainichen geboren. Dieser Ort, knapp dreißig Kilometer südwestlich von Lutherstadt Wittenberg gelegen, gehörte damals zu Kursachsen (mit der Residenzstadt Dresden). Heute gehört er zum Landkreis Wittenberg in Sachsen-Anhalt.

Sein Vater, Christian Gerhardt (ca. 1577–1619), besaß Landwirtschaft und eine Gastwirtschaft, war wohl Jurist und gehörte als Ratsherr und seit 1610 einer von drei Bürgermeistern (consules) des Städtchens zur Elite der etwa eintausend Personen umfassenden Stadtbevölkerung. Die Mutter, Dorothea Starcke (1582–1621), stammte aus einer alteingesessenen Pfarrersfamilie. Ihr Vater, Caspar Starcke, war Superintendent von Eilenburg, etwa vierzig Kilometer südlich von Gräfenhainichen gelegen. Paul war das zweite von vier (überlebenden) Kindern. Er hatte einen älteren Bruder Christian (geb. 1606) und zwei jüngere Schwestern Anna (geb. 1612) und Agnes (geb. ca. 1619). Seine frühe Kindheit verbrachte er im engen lokalen Umfeld der Familie. Die erste Schulbildung bestand neben der Katechismusunterweisung vorrangig in lateinischer Grammatik, Lese- und Schreibübungen. Eines der wichtigsten Fächer an der Stadtschule war allerdings der Gesangsunterricht, ausgerichtet auf die Mitwirkung der Schüler bei den Gottesdiensten an Sonn- wie Werktagen im Knabenchor oder in der Kantorei zusammen mit Mitgliedern der Bürgerschaft. Kirche,

Gräfenhainichen, St. Marien-Kirche, Taufbecken, um 1400, Sandstein. An diesem Taufstein wurde Paul Gerhardt getauft.

Schule und Bürgerschaft bildeten so die drei Koordinaten im geistigen Umfeld des jungen Paul Gerhardt, was bereits in frühester Kindheit den Grundstein legte für sein ausgeprägt evangelisch-lutherisches Selbstverständnis.

In Pauls zwölftem Lebensjahr löste der »Prager Fenstersturz« den Dreißigjährigen Krieg aus, der seine Lebensumstände zwar zunächst nicht direkt betraf, aber allgemein die politischen und wirtschaftlichen Verhältnisse in Mitteldeutschland für lange Zeit bestimmen sollte.

Im Jahr 1619 verlor der Junge seinen Vater, zwei Jahre später starb die Mutter. Elternersatz gewährte wahrscheinlich deren (zehn Jahre jüngere) Schwester mit ihrem Mann, ebenfalls einer der Bürgermeister von Gräfenhainichen. Jedenfalls lebte Paul Gerhardt bis kurz nach dem 15. Geburtstag in seinem Geburtsort.

Gräfenhainichen, Paul-Gerhardt-Kapelle, zu Ehren des Dichters erbaut und 1844 eingeweiht

Gräfenhainichen, Paul-Gerhardt-Haus mit Pfannschmidt-Denkmal, aus Anlass des 300. Geburtstags im Jahre 1907 errichtet

Jugend – Fürstenschule Grimma (1622–1627)

Am 4. April 1622 trat Paul Gerhardt in die für ihn kostenpflichtige Fürstenschule in Grimma ein (südöstlich von Leipzig in Kursachsen, heute Sachsen, gelegen), wo auch sein älterer Bruder Christian bereits seit zwei Jahren untergebracht war.

Das als Eliteschule konzipierte *Collegium Moldanum* mit knapp hundert Schulplätzen, gegründet im Jahr 1550, befand sich im ehemaligen Augustinerkloster. Es zeichnete sich durch fromme und strenge Erziehung der Zöglinge nach evangelisch-lutherischer Prägung und ein hohes Ideal klassischer Bildung aus. In klösterlicher Abgeschiedenheit – pro Woche war nur ein einziger Spaziergang außerhalb des Schulgeländes gestattet – hatten die Schüler auch untereinander ausschließlich Latein zu sprechen. In den Schulferien war ein hohes Pensum Selbststudium zu leisten. Erst nach zweijährigem Schulaufenthalt wurde eine Heimfahrt (für ein bis zwei Wochen) gestattet.

In straff organisiertem, mit Gebet und Frühmette eröffnetem Tagesablauf wurden die Schüler unterrichtet. Auf dem vollen Lehrplan – selbstverständlich mit Latein als Unterrichtssprache – standen neben Religion die Sieben Freien Künste (Grammatik, Rhetorik, Dialektik, Arithmetik, Geometrie, Musik und Astronomie). Standardlehrbuch der sächsischen Fürstenschulen war seit 1609 Leonhard Hutters *Compendium locorum theologicorum* (Handbuch theologischer Grundbegriffe), das die konfessionell-lutherische Lehre des Konkordienbuches (Bekenntnisschrift von 1580) in systematischer, katechismusartiger Weise entfaltete. Zudem wurden die Gymnasiasten in der Praxis des Dichtens geschult, indem etwa Um- und Nachdichtungen aus dem Griechischen ins Lateinische und umgekehrt auszuführen waren. Ein zentrales Unterrichtsprinzip war die »imitatio«, die Nachahmung antiker Texte der Weltliteratur durch Aus-

Grimma, Fürstenschule St. Augustin, Collegium Moldanum im 17. Jh., Ansicht des ehemaligen Schulgebäudes gegen den Muldenstrom, Kupferstich, anonyme Kopie, 19. Jh. – das erste Schulgebäude bestand 1550–1821.

wendiglernen und Nachdichten, verbunden mit gründlicher stilistischer Analyse und Kommentierung.

Wenige erhaltene Beurteilungen bescheinigen dem Schüler Paul Gerhardt gute Veranlagung, Fleiß und Gehorsam, aber keine Spitzenleistungen. Nach gut fünfeinhalb Jahren Schulzeit und erfolgreicher Abschlussprüfung verließ er Grimma am 15. Dezember 1627, im 21. Lebensjahr stehend.

Studium – Wittenberg (1628–1642)

Am 2. Januar 1628 schrieb sich Paul Gerhardt zum Studium der Theologie an der Universität Wittenberg ein. Hier eignete er sich das akademische Rüstzeug der lutherischen Theologie und Frömmigkeit an. Bei den Professoren begegnete er bedeutenden Vertretern der lutherischen Orthodoxie.

Für den Zeitraum zwischen der Immatrikulation 1628 und 1641 ist keinerlei schriftliche Auskunft über ihn erhalten. Im Jahr 1641 ist er immer noch als »studiosus« vermerkt. Auch nach weit über zehn Jahren Studium legte Paul Gerhardt an der Universität kein theologisches Examen ab, was im Zeitkontext durchaus üblich war. Wahrscheinlich war infolge der Kriegsumstände der Weg ins Pfarramt sehr erschwert.

Mitte der 1630er-Jahre muss er bei August Fleischhauer, Archidiakon (erster Pfarrer) der Wittenberger Stadtkirche, eine Anstellung als Hauslehrer angenommen haben. So erhielt er Kost und Logis in dessen neben Kirche (und angrenzendem Friedhof) gelegenem Haus Kirchplatz 14. Eine Gedenktafel hier (s. S. 29) wie auch an der Vorderseite des Gebäudes (Collegienstraße 7) erinnern heute an diese seine Wohnstätte.

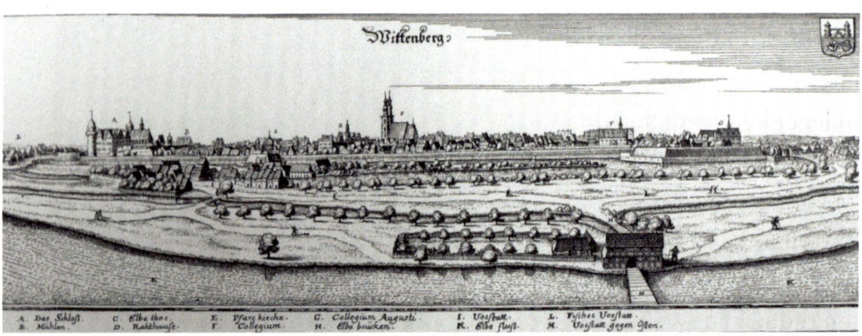

Anonym: Wittenberg, Stadtansicht 17. Jh., Kupferstich

Anonym: Die Universität Wittenberg 1644, Gouache (6. Band der Wittenberger Matrikel), Detail

Aus dem Jahr 1642 ist ein erstes Gedicht Paul Gerhardts erhalten, ein lateinisches Epigramm in vier Distichen (Zweizeilern). Es ist ein Gelegenheitsgedicht zur Magisterpromotion von Jacob Wehrenberg in Wittenberg am 26. April.

Vom großen Krieg war Wittenberg während dieser Zeit nicht unmittelbar betroffen. Allerdings wütete 1637 die Pest in der Stadt, und im Oktober 1640 gab es einen großen Stadtbrand. Die Zahl der Studenten reduzierte sich während Gerhardts Aufenthalt auf weniger als ein Drittel, knapp 200.

Wittenberger Lehrer

Anonym: Porträt Paul Röber, 17. Jh., Kupferstich

Unter Paul Gerhardts akademischen Lehrern in Wittenberg hatten Paul Röber (1587–1651) und August Buchner (1591–1661) entscheidenden Einfluss auf sein späteres Wirken.

Röber, ein philosophisch, musikalisch und mathematisch hochbegabter Mann, war seit 1627 Theologieprofessor an der *Leucorea*, wie die Wittenberger Universität sich nannte, und wirkte auch als Prediger. Sowohl bei Akademikern als auch bei den einfachen Leuten war er geschätzt ob seiner biblisch orientierten und rhetorisch vorbildhaften Predigten, in welche er gern Liedstrophen einbettete. Er förderte Orgelmusik und Gesang und dichtete selbst geistliche Lieder. Die persönliche Aneignung von Wort und Wahrheit der Bibel in den Formen barocker Poesie und Rhetorik sollte sich später in Gerhardts Liedtexten widerspiegeln.

An der philosophischen Fakultät besuchte Gerhardt Vorlesungen über Dichtkunst bei August Buchner, seit 1616 als Professor für Dichtkunst und seit 1631 zudem als Professor für Rhetorik tätig. Er gilt als eine zentrale Gestalt der deutschen Barockdichtung. Hier setzte sich Gerhardt mit lateinischer Dichtkunst wie mit Versdichtung in deutscher Sprache auseinander. Dazu gab es vermutlich Berührungspunkte mit der literarischen Gruppe *Fruchtbringende Gesellschaft* sowie mit dem schlesischen Kreis um Martin Opitz (1597–1639), auf dessen epochemachendes *Buch von der deutschen Poeterey* (1624) Buchner sich bezog.

Peter II Aubry: August(us) Buchner, um 1634, Kupferstich

Das Portrait zeigt den 43-jährigen Wittenberger Poeten und Professor zu der Zeit, als Paul Gerhardt bei ihm studierte.

Paul Gerhardt erlebt den Dreißigjährigen Krieg (1618–1648)

Erhebe dich und steure / dem Herzeleid auf Erd,
bring wieder und erneure / die Wohlfahrt deiner Herd.
Lass blühen wie zuvor / die Länder, so verheeret,
die Kirchen, so zerstöret / durch Krieg und Feuerszorn.

Paul Gerhardt, Evangelisches Gesangbuch (EG) 133,9

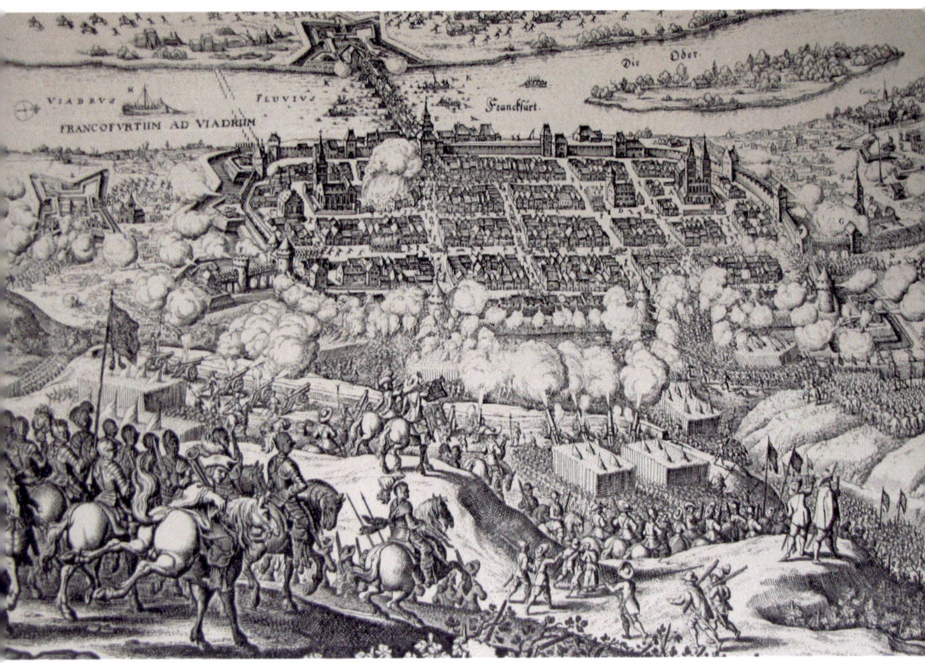

Anonym: Dreißigjähriger Krieg, Belagerung von Frankfurt an der Oder, 17. Jh., Kupferstich, Detail

Gerhardts langjähriger Wohnort Wittenberg und dessen Umgebung bekamen seit 1637 den Krieg deutlich zu spüren. Die Stadt blieb zwar von Zerstörungen verschont, war jedoch Zufluchtsort vieler Flüchtlinge aus umliegenden Ortschaften. Hungersnöte und Seuchen blieben nicht aus.

Gerhardts nahe gelegene Geburtsstadt Gräfenhainichen kam besonders stark zu Schaden. Fast das ganze Städtchen fiel im April 1637 bei einem Überfall der Schweden dem Feuer zum Opfer. Die Kirche und zahllose Wohnhäuser – auch das Geburtshaus des Dichters –, Ställe, Scheunen, Pfarrhaus, Schule und Schloss verbrannten.

Als Paul Gerhardt (wohl noch 1642) erstmals nach Berlin kam, traf er auch da auf eine schwer gezeichnete Stadt. In Berlin war der Bevölkerungsschwund vor allem durch Hunger und Seuchen verursacht worden. Vor dem Krieg hatte die Stadt etwa 12.000 Einwohner – an dessen Ende (1648) war es die Hälfte.

Diese lange Kriegszeit war nicht überall und zu allen Zeiten von Kämpfen, von Tod und Verderben geprägt. Lokal gab es Pausen, der Krieg wütete nicht unablässig und nicht flächendeckend. Es konnte sich ein Volksleben bewahren, eine Kultur der Besinnung, und man fand Wege, Literatur, Buchdruck, Lesen und Gesang weiter zu kultivieren. So entfaltete sich in diesen Jahrzehnten eine hoch entwickelte Form der Lyrik.

Pest und Seuchen

In den Gegenden, wo sich Paul Gerhardt während des Dreißigjährigen Krieges aufhielt, grassierten immer wieder die Pest und andere schwere Seuchen, die ganze Landstriche entvölkerten. Das Sterben gehörte zum Alltag der Menschen.

Dem »Schwarzen Tod« (Pest), einer hochgradig ansteckenden, oft wohl durch Ratten übertragenen Infektionskrankheit, waren die Kranken und ihre Angehörigen meist hilflos ausgeliefert. Von der Ansteckung bis zum Tode vergingen durchschnittlich acht Tage. Wirksame Therapien gab es nicht. Nur wenige Menschen überlebten eine Erkrankung. Viele flohen aus ihren Wohnorten aus Angst vor Ansteckung.

In Grimma war im Jahr 1626 die Pest ausgebrochen. Den Schülern der Fürstenschule wurde freigestellt, die Schule zu verlassen. Paul Gerhardt, der in Gräfenhainichen ja kein Elternhaus mehr hatte, blieb in der Schule.

In Wittenberg wütete 1636/37 die Pest. Die Zahl der Pesttoten stieg so stark an, dass das Kirchenamt eigene Sterbebücher für sie anlegte. Im Jahr 1637 wurden 1.671 pestbedingte Todesfälle registriert.

Im selben Zeitraum raffte die Pest in Gräfenhainichen mehrere hundert Menschen dahin. Auch Gerhardts Familie war betroffen. Am 7. November 1637 fiel sein Bruder Christian der Pest zum Opfer.

In Berlin gab es mehrere Pest-Wellen. Kantor Johann Crüger, später der Förderer Gerhardts, verlor 1636 seine Ehefrau und überlebte selber eine Erkrankung. Dazu kamen andere Seuchen wie Pocken und Ruhr, die viele Todesopfer forderten.

Der vielgestaltige Leonhard Thurneysser zum Thurn (1531–1596) betätigte sich als Mediziner, Alchimist, Apotheker, Astrologe, Botaniker, Zoologe, Drucker, Schriftschneider, Autor, Verleger und als in allem erfolgreicher Unternehmer. Zum Leibarzt Kurfürst Johann Georgs ernannt, wurde ihm im Grauen Kloster ein Seitenflügel zugewiesen, in dem er seine Wohnung und Bibliothek sowie Laboratorien und eine Druckerei einrichtete. Von Berlin aus betrieb der medizinische Scharlatan über die Landesgrenzen hinaus einträgliche Geschäfte mit Harnprobenanalysen, Diagnosen und individuell angefertigten Medikationen für gut zahlende Patienten. 1576 verfasste er eine beachtete Schrift zur Pest, die auch zu Gerhardts Zeiten noch kursierte.

Leonhard Thurneysser, Holzschnitt, koloriert, 20,1 × 14,4 cm (Historia sive descriptio plantarum omnium […]/Leonhard Thurneysser, Michael Hentzke, Berlin 1578).

Hauslehrer

Gerhardts Studienzeit in Wittenberg erstreckte sich über wahrscheinlich 14 Jahre. Seit Mitte der 1630er-Jahre verdingte er sich als Hauslehrer bei Archidiakon Fleischhauer. Da es noch keine Schulpflicht gab, beschäftigten Wohlhabende und Bildungsbeflissene oft Hauslehrer für ihre Kinder. Diese waren Mitglieder des »Hausstandes« und gehörten quasi mit zur Familie. So wurde Gerhardt mit dem Leben im Pfarrhaus vertraut. Auffallend ist, dass er später zweien seiner eigenen Kinder Namen gab, die auch Kinder der Familie Fleischhauer trugen: Maria Elisabeth, seine Erstgeborene, und Paul Friedrich, sein zweiter Sohn. Dies spricht für eine starke Verbundenheit mit der Wittenberger Pfarrersfamilie.

Auch in Berlin betätigte sich Gerhardt sehr wahrscheinlich als Hauslehrer in einem Zeitraum von über acht Jahren. Im Haus von Kammergerichtsadvokat Berthold kam er in Kontakt mit den führenden gesellschaftlichen Kreisen Berlins, der Schwiegersohn des Hausherrn war als Archidiakon ein führender Geistlicher. Die große Vertrautheit mit dieser Familie mündete später in Gerhardts Eheschließung mit Anna Maria Berthold. Ihr erster gemeinsamer Sohn, Andreas, wird den Vornamen von Vater und Sohn Berthold erhalten. Der Vorname von Mutter Berthold aber war Elisabeth wie der von Gerhardts Erstgeborener Maria Elisabeth.

Im bekannten Abendlied *Nun ruhen alle Wälder*, veröffentlicht mit den ersten Liedern schon 1647, hat Gerhardt in der Fürbitte-Strophe *Auch euch, ihr meine Lieben* (EG 477,10) den Familiennamen in der Schreibweise »BERTHOLT« als Anagramm eingezeichnet (siehe S. 171).

Gedenktafel in Wittenberg, am Haus Kirchplatz 14. Hier wohnte Paul Gerhardt 1628–1642 bei Archidiakon Fleischhauer zur Untermiete und arbeitete als Hauslehrer. Die stark verwitterte Tafel konnte 2024 auf Initiative der Paul-Gerhardt-Gesellschaft restauriert werden.

Erste Berliner Zeit (1642/43–1651)

Zwischen dem Studium in Wittenberg und der ersten Pfarramtstätigkeit in Mittenwalde lebte Paul Gerhardt einige Jahre in Berlin. Bezeugt ist seine Anwesenheit bei der Hochzeit von Archidiakon Joachim Fromm (1595–1657) mit Sabina Berthold am 3. September 1643. Zu diesem Anlass verfasste er ein Glückwunschgedicht – Gerhardts erster gedruckter Text in deutscher Sprache. Die Braut war die ältere Schwester von Gerhardts späterer Ehefrau Anna Maria Berthold. Gesichert ist, dass er 1651, wahrscheinlich aber schon von Anfang an, in

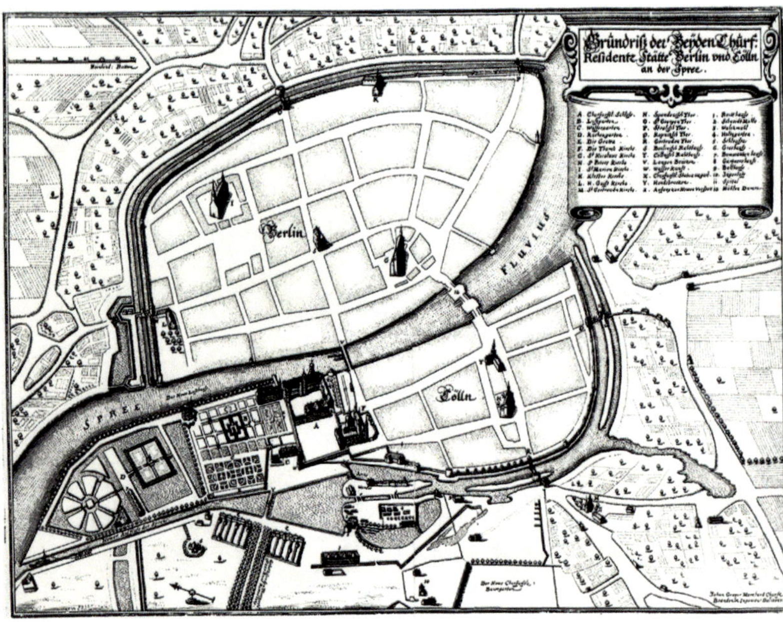

Grundriß der Beyden Churf: Residentz Stätte Berlin und Cölln an der Spree, 1652, Kupferstich nach einer Zeichnung von Johann Gregor Memhardt, 1650/51. Der älteste Plan der Doppelstadt Berlin-Cölln entstand kurz vor Gerhardts zweiter Berliner Zeit.

deren Elternhaus beim Kammergerichtsadvokaten Andreas Berthold in der Spandauer Straße (»Am Kohlmarkt«) wohnte.

Hier arbeitete er vermutlich als Hauslehrer für den 1633 geborenen Sohn von Joachim Fromm aus erster Ehe. Es ist anzunehmen, dass Gerhardt von diesem Archidiakon (erster Pfarrer) an der St. Nikolai-Kirche auch für erste geistliche Aushilfsdienste und Kanzelpredigten herangezogen wurde.

In diesen Jahren lernte Gerhardt Johann Crüger (1598–1662) kennen, den Kantor der St. Nikolai-Kirche, und pflegte offenbar engen Kontakt. 1647 ließ Crüger ein Gesangbuch drucken mit dem Titel *PRAXIS PIETATIS MELICA – Das ist Übung der Gottseligkeit in christlichen und trostreichen Gesängen*. Zu Crügers überlegter Auswahl zeitgenössischer geistlicher Dichtung – neben den Liedern aus der lutherischen Tradition – gehörten 18 hier erstmals veröffentlichte Lieder Paul Gerhardts, zwei davon mit neuen Melodien von Crüger versehen.

Ein Zeugnis bestätigt, dass Paul Gerhardt die geistlichen Dienste mit großer Sorgfalt und zur allgemeinen Zufriedenheit ausübte. Empfehlungen aus Berlin bahnten Gerhardts Ruf ins leitende Pfarramt nach Mittenwalde an, der 1651 erfolgte.

Paul Gerhardt – der Mensch

Paul Gerhardt wurde in Kindheit, Schule und Studium wesentlich durch das lutherisch-orthodoxe Weltbild geprägt. Sein Leben fiel in eine Zeit, in der Krieg und Krankheiten und damit der allgegenwärtige Tod den Alltag stark mitbestimmten. Bewältigen konnten die Menschen diese Umstände vor allem durch einen tiefen Glauben an Gott. So gehörten die Lektüre von Bibel und Erbauungsbüchern, häusliches Gebet und Liedgesang wesentlich zur Alltagsfrömmigkeit, die vor allem über die zeitgenössische Erbauungsliteratur auch mystische Züge integrieren konnte.

Seine feste Überzeugung als bekennender Lutheraner trug den Dichterpfarrer durch alle Stationen seines Lebens. Bei der ersten Berufung ins Mittenwalder Pfarramt hatte Gerhardt bereits das 44. Lebensjahr erreicht. Erst jetzt waren Heirat (1655) und Familiengründung möglich. Auch schwere familiäre Schicksalsschläge, wie der Tod von vier Kindern und zuletzt seiner Frau, ließen ihn beständig und unbeirrbar bleiben.

In seinem Glauben und seiner Konfession war Paul Gerhardt so stark verankert, dass er vehement dafür stritt und fest an seinen Überzeugungen festhielt, auch wenn ihm dies in seiner Berufsausübung persönliche Nachteile einbrachte.

In seinem Dienst als Geistlicher galt er als untadelig und bei den Mitmenschen geschätzt. Im Votum des Berliner Konsistoriums von 1651 zur Bewerbung in Mittenwalde heißt es über »den ehrenfesten vorachtbaren und wohlgelahrten Herrn Paulum Gerhardt [...], daß wir [...] eine solche Person fürhalten, deren Fleiß und Erudition [Gelehrsamkeit] bekannt, die eines guten Geistes und ungefälschter Lehren dabei auch eines ehr- und friedliebenden Gemütes und christlich untadelhaften Lebens ist, daher er auch bei Hohen und Niedrigen unseres Ortes lieb und wert gehalten und von uns alle Zeit das Zeugnis erhalten wird, daß er auf unser freundliches Ansinnen zu vielen Malen mit seinen von Gott empfangenen werten Gaben um unsere Kirche sich beliebt und wohlverdient gemacht hat«.

In seinem letzten Pfarramt in Lübben (ab 1669) war Gerhardt mit einigen praktischen Lebensumständen unzufrieden, artikulierte das gegenüber kirchlichen und weltlichen Behörden und hatte manche Auseinandersetzungen. Seiner grundsätzlichen Lebenshaltung voller Gottvertrauen, die er im »Testament« an seinen Sohn weitergab, wusste er sich aber stets verpflichtet.

Ludwig Buchhorn: Porträt Paul Gerhardt, 1810–1820, Kupferstich, darunter ein Zitat aus Gerhardts Schreiben nach Lübben 1668: »Gleich wie ich nun jeder Zeit mich schuldig erkennt, meinem Gott gehorsamlich zu folgen«.

Mittenwalde (1651–1657)

Auf der Basis von Empfehlungen (vgl. S. 31) wurde Paul Gerhardt ins Pfarramt nach Mittenwalde berufen, das gut 35 Kilometer südlich von Berlin liegt. Als »Probst« nahm er sogleich eine leitende Stellung ein mit Dienstaufsicht über elf weitere Pfarrer. Dabei wurde er dem schon lange Jahre ortsansässigen Diakon Alborn vorgezogen, der in der Folgezeit materielle Kompensationsleistungen erhielt. Der Einführung Gerhardts in der Mittenwalder St. Moritz-Kirche am 30. November 1651 voraus ging die dort am 28. September abgehaltene Probepredigt und die Ordination zum Pfarrdienst am 18. November in der Berliner St. Nikolai-Kirche. Dabei verpflichtete er sich schriftlich auf die luthe-

Mittenwalde, St. Moritz-Kirche, Innenansicht mit Altar

rischen Bekenntnisschriften einschließlich der Konkordienformel aus dem Jahr 1580.

Die Pfarrwohnung in Mittenwalde musste erst instand gesetzt werden. Die Trauung der wohl schon lange einander Versprochenen Paul Gerhardt und Anna Maria Berthold fand jedenfalls erst am 11. Februar 1655 statt, und zwar im Berliner Elternhaus der Braut. Im Folgejahr, am 19. Mai 1656, kam das erste Kind zur Welt. Die Mutter war zur Geburt ins Elternhaus nach Berlin zurückgekehrt, wo das Mädchen auch sogleich von Schwager Fromm getauft wurde. Maria Elisabeth starb bereits nach einem Dreivierteljahr, am 14. Januar 1657, und wurde in Mittenwalde beigesetzt. Die Eltern stifteten eine bis heute erhaltene Gedenktafel, angebracht an der südlichen Innenwand des Langhauses der St. Moritz-Kirche.

Mittenwalde, St. Moritz-Kirche

Die familiären und sonstigen persönlichen Beziehungen nach Berlin wurden von Mittenwalde aus weiter gepflegt. Während der knapp sechsjährigen Dienstzeit in Mittenwalde veröffentlichte der Berliner Kantor Crüger gut die Hälfte von Gerhardts Liederschatz in seinem Gesangbuch, dessen Edition von 1653 bereits 64 Gerhardt-Lieder enthielt. Viele der Lieder sind wohl erst in Mittenwalde entstanden und wurden dann nach Berlin geliefert.

1657 endete die Mittenwalder Zeit Paul Gerhardts durch die Berufung zum Pfarrer an die St. Nikolai-Kirche in Berlin.

Zweite Berliner Zeit (1657–1669)

Bei der zweiten Ankunft Gerhardts in Berlin im Sommer 1657 zeichnete sich ein allmählicher wirtschaftlicher Aufstieg in der Stadt ab. Der seit 1640 regierende Kurfürst Friedrich Wilhelm (1620–1688) hatte sich als kluger und fähiger Staatsmann erwiesen. Er profilierte sich als Wegbereiter eines einheitlich organisierten, effektiven Staatswesens.

Den Ruf in die Residenzstadt nahm Gerhardt bereitwillig an, obwohl die ihm angetragene Pfarrstelle an St. Nikolai niedereren Ranges war. Nachdem Propst Petrus Vehr im Oktober 1656 und der Archidiakon, Gerhardts Schwager Joachim Fromm, wenige Monate später verstorben waren, gab es bei den Nikolaipfarrern eine Art Stühlerücken. Der Magistrat bot Gerhardt die hinter dem Archidiakon rangierende freie Pfarrstelle an. Nach Annahme der Berufung Anfang Juni erfolgte der Umzug ziemlich rasch. Seine erste Amtshandlung vermerkt das Kirchenbuch bereits am 22. Juli 1657. Ein halbes Jahr später gebar Frau Gerhardt erneut eine Tochter (die nur bis März 1659 lebte).

Die Gerhardts wohnten (nachweisbar ab Mitte der 1660er-Jahre) gut situiert in der Stralauer Straße 38 in einem der für die Pfarrer bestimmten Diakonatshäuser. Nikolaikantor Crüger wohnte drei Häuser

P. Schwarzmüller nach Caspar Merian (1652): Ansicht der »Chur Fürstl. Resi St. Berlin v. Cöln« mit topographischer Legende einzelner Bauwerke, um 1850, Kupferstich

weiter. Bis 1665 kamen noch drei Söhne zur Welt, von denen nur der 1662 geborene Paul Friedrich überlebte.

Die Zusammenarbeit mit Johann Crüger trug reiche Früchte. Bis zu dessen Tod 1662 erschienen weitere Gesangbuchauflagen mit stetig wachsender Zahl von Gerhardt-Liedern bis zu den 90 Titeln in der Edition von 1661. Crügers Nachfolger Johann Georg Ebeling bewerkstelligte dann 1666/67 eine opulent ausgestattete Gesamtausgabe mit nun 120 Liedern Paul Gerhardts, von ihm selbst überwiegend neu vertont.

Schwere Lehrstreitigkeiten zwischen lutherischen und reformierten Theologen prägten die damalige Zeit. Der Kurfürst, selbst reformierten Bekenntnisses, hatte als Landesherr ein elementares Interesse an der Befriedung und ordnete Religionsgespräche (1662/63) und in Toleranzedikten (1662, 1664) den Verzicht auf gegenseitige Polemik an. Als lutherischer Geistlicher bezog Gerhardt, wie es Amt und Gewissen erforderten, dazu offen und entschieden Stellung. Er verweigerte die verlangte Unterschrift unter den Revers (vgl. S. 82) und provozierte so seine Amtsenthebung im Januar 1666. Infolge von Petitionen aus der Bürgerschaft und dem Adel wurde er ein Jahr später wieder mit dem Pfarramt betraut, verzichtete aber umgehend im Februar 1667 selber aus Gewissensgründen.

Sein Einkommen sicherte ihm die Stadt Berlin zwar wohl weiter zu, eine berufliche Perspektive war für Gerhardt allerdings nur noch außerhalb des Kurfürstentums Brandenburg gegeben. Am 5. März 1668 starb seine an Tuberkulose erkrankte Ehefrau Anna Maria, noch ehe im Herbst 1668 der Ruf ins Archidiakonat nach Lübben eine neue Berufsperspektive in Sachsen eröffnete.

Pfarrberuf

Paul Gerhardt übte den Pfarrberuf an drei Orten aus – Mittenwalde, Berlin, Lübben. In der Ämterhierarchie waren dies unterschiedliche Positionen. In Mittenwalde war ihm mit dem Propstamt das höchste Kirchenamt der Stadt übertragen worden, verbunden mit Leitungsaufgaben über elf Pfarrstellen der Umgebung, zu denen insgesamt über dreißig zu visitierende Dörfer gehörten.

Anders gestaltete sich Gerhardts Stellung in Berlin an St. Nikolai. Hinter Probst und Archidiakon war seine Position des zweiten Diakons sozusagen drittrangig. Die in der Hierarchie folgende dritte Diakonenstelle war bis 1658 unbesetzt. Gerhardt blieb in dieser Position bis zum Amtsverzicht 1667. Der Mehrwert einer einfachen Pfarrstelle an der Hauptkirche der Residenzstadt mit deren gesellschaftlichem wie kulturellem Umfeld (Kirchenmusik) muss evident gewesen sein.

Zu Gerhardts Verpflichtungen in Berlin gehörten bei den im Vergleich zu heute sehr zahlreichen Gottesdiensten an Sonn- wie Werktagen auch der Dienst in der Filialkirche des Grauen Klosters (heute Ruine in der Klosterstraße). Der dort von ihm verwendete Abendmahlskelch ist erhalten und wird in St. Marien aufbewahrt. Auf der Kanzel wurde von den Pfarrern eine sorgfältig ausgearbeitete, etwa einstündige Predigt erwartet. Die Amtshandlungen beinhalteten Taufen (am in St. Nikolai erhaltenen Taufstein), Trauungen (meist im Privathaus) und Beerdigungen. In der Seelsorge war Hauptaufgabe die tröstende Begleitung der Sterbenden und der Trauernden. Vor dem Abendmahlsgang war eine persönliche Beichte üblich. Außer vier gedruckten Leichenpredigten sind keine Predigten Paul Gerhardts überliefert.

Mehr als bei anderen betroffenen Geistlichen führte die Amtsenthebung Gerhardts im Februar 1666 zu Petitionen vonseiten zuerst der Berliner »Gewerke« (Handwerker!) und Stadtverordneten, dann des

Rates an den Kurfürsten, was seine Sonderstellung als Pfarrer belegt: »Unser geliebter Prediger und Seelsorger soll uns entzogen werden«, heißt es.

In Lübben bekleidete Gerhardt als Archidiakon nochmals ein leitendes Amt (vgl. das geschäftsführende Pfarramt heute). Er scheint allerdings mit seinen Dienstverpflichtungen altersbedingt zunehmend Probleme gehabt zu haben.

Johann Heinrich Hintze: Die Nikolaikirche in Berlin, 1827, Öl auf Leinwand

Dichterpfarrer

Paul Gerhardt erwarb in Schule und Studium das handwerkliche Rüstzeug für die Dichtkunst. In einem Zeugnis der Fürstenschule zu Grimma von 1625 heißt es: »Die schriftliche Arbeit kann zum großen Teil hingenommen werden, auch die hinzugefügten Verschen sind erträglich« (tolerabilis).

Erste Gelegenheitsgedichte sind in der Wittenberger Zeit belegt, weitere, lateinische wie deutschsprachige, folgen auf allen Lebensstationen bis in die Lübbener Zeit.

Mit dem Verfassen geistlicher Lieder begann Gerhardt offensichtlich in seiner ersten Berliner Zeit. So entstanden etwa das schnell weit verbreitete Abendlied *Nun ruhen alle Wälder* wie sein Pendant, das Morgenlied *Wach auf, mein Herz, und singe,* beide 1647 gedruckt. Kantor Crüger präsentierte die Lieder in seinem Gesangbuch mit bereits bekannten oder von ihm neu geschaffenen Melodien samt Generalbass, so dass sie in Kirche wie Haus musiziert werden konnten. Da viele Gesangbuchmacher andernorts Crügers Editionen als Quelle nutzten oder sogar komplett nachdruckten, fanden Gerhardts Lieder bald deutschlandweit Verbreitung. Für seine Reputation als Dichter unternahm Gerhardt allerdings selber nie etwas. Die Edition seiner Texte überließ er seinen Förderern.

So kennen wir bei Gerhardts Liedern – außer bei den Kasualgedichten – nie das genaue Entstehungsdatum. Orientierungspunkt ist der Zeitpunkt der Erstveröffentlichung durch Crüger, später durch Ebeling. Danach geschieht die Datierung. Wie zeitnah zur Publikation die Lieder entstanden, bleibt spekulativ. Lagen im Jahr 1647, als Crüger mit 18 Gerhardt-Liedern in seinem Gesangbuch startete, bereits mehr Lieder vor? Sind die über 40 in der Ausgabe von 1653 neu aufgenommenen erst seit Ende 1651 in Mittenwalde gedichtet worden?

Hermann Schweder: Porträt Paul Gerhardt. 1862, Öl auf Leinwand

Dieses idealisierende Bildnis entstand im Auftrag der Kirchengemeinde St. Nikolai, Berlin, da es bis dato noch keinerlei Bildnis des Dichterpfarrers an seiner wichtigsten Wirkungsstätte gegeben hatte.

Viele der heute beliebten Lieder stammen aus der Edition von 1653: *Geh aus, mein Herz, und suche Freud*; *Ich singe dir mit Herz und Mund*; *Befiehl du deine Wege*; *Wie soll ich dich empfangen*. Sicher ist, dass das bekannte, erst 1656 publizierte Passionslied *O Haupt voll Blut und Wunden* in Mittenwalde entstanden ist, wo in der Predella des Altars ein eindrückliches Bild des geschundenen Hauptes Christi angebracht ist.

In der Gerhardt-Werkausgabe von Ebeling 1666/67 sind dann noch 26 Lieder aus der zweiten Berliner Periode neu, darunter das beliebte Morgenlied *Die güldne Sonne*. In der Lübbener Zeit hat Gerhardt offensichtlich keine geistlichen Lieder mehr gedichtet.

Unverzagt und ohne Grauen – Seelsorge

Gerade in Krankheit und in Leiderfahrungen bei Konfrontation mit dem allgegenwärtigen Tod nahmen *»praxis pietatis«* (Ausüben der Frömmigkeit) und regelmäßiges Bekennen einen wichtigen Platz ein. Der Glaube an Christus, der als Sohn Gottes den Weg des Leidens gegangen war und durch Kreuzestod und Auferstehung die Erlösung der Menschen erwirkt hatte, gab den Gläubigen Kraft, selbst »Kreuzwege« zu durchschreiten, ohne dabei zu verzweifeln. Den Sterbenden war die Unterstützung durch die Mitmenschen in Gebet und Gesang hilfreich. Paul Gerhardts Lieder stellen hierfür ein bis heute bewährtes Sprach-

542 Vom Christlichen

wird es wenden/ Er weiß wol/ Wie er sol All mein Unglück enden.

5. Gott hat mich bey guten Tagen Offt ergötzt/ Solt ich itzt Auch nicht etwas tragen? Fromm ist Gott und schärfft mit Massen Sein Gericht/ Kan mich nicht Gantz und gar verlassen.

6. Satan/ Welt/ und ihre Rotten Können mir Nichts mehr hier Thun/ als meiner spotten. Laß sie spotten/ laß sie lachen/ Gott mein Heyl Wird in Eyl Sie zu schanden machen.

7. Unverzagt und ohne grauen Sol ein Christ/ Wo er ist/ Stets sich lassen schauen. Wolt ihn auch der Tod aufreiben/ Sol der Muth Dennoch gut Und fein stille bleiben.

8. Kan uns doch kein Tod nicht tödten/ Sondern reißt Unsern Geist Aus viel tausent Nöthen: Schleußt das Thor des bittern Leiden/ Und macht Bahn/ Da man kan Gehn zur Himmelsfreuden.

9. Allda wil in süssen Schätzen Ich mein Hertz Auf den Schmertz Ewiglich ergötzen: Hier ist kein recht Gut zu finden: Was die Welt In sich hält/ Muß im huy verschwinden.

10. Was sind dieses Lebens Güter? Eine Hand Voller Sand/ Kummer der Gemüther. Dort/ dort sind die edle Gaben/ Da mein Hirt Christus wird Mich ohn Ende laben.

11. Herr/ mein Hirt/ Brunn aller Freuden/ Du bist mein/ Ich bin dein: Niemand kan uns scheiden: Ich bin dein/ weil du dein Leben/ Und dein Blut/ Mir zu Gut/ In den Tod gegäben.

12. Du bist mein/ weil ich dich fasse/ Und dich nicht/ O mein Licht/ Aus dem Hertzen lasse: Laß mich/ laß mich hingelan-

Leben und Wandel. 543

langen/ Da du mich/ Und ich dich Lieblich werd umbfangen.

Paul Gerhard.

414. Der 1. Psalm. Melod. Werde munter mein Gemüthe.

Wol dem Menschen/ der nicht wandelt In gottloser Leute Rath. Wol dem/ der nicht unrecht Handelt/ Noch tritt auf der Sünder Pfad/ Der der Spötter Freundschafft fleucht/ Und von ihrn Gesellen weicht: Der hingegen hertzlich ehret/ Was uns Gott vom Himmel lehret.

2. Wol dem/ der mit Lust und Freude Das Gesetz des des Höchsten treibt/ Und hier/ als auf süsser Weyde/ Tag und Nacht beständig bleibt: Dessen Segen wächst und blüht/ Wie ein Palmbaum/ den man sieht Bey den Flüssen an der Seiten Seine frische Zweig außbreiten.

3. Also/ sag ich/ wird auch grünen/ Wer in Gottes Wort sich übt: Lufft und Sonne wird ihm dienen/ Bis er reiffe Früchte giebt/ Seine Blätter werden alt/ Und doch niemal Ungestalt/ Gott gibt Glück zu seinen Thaten/ Was er macht/ muß wol gerathen.

4. Aber/ wen die Sünd erfreuet/ Mit dem gehts viel anders zu/ Er wird/ wie die Spreu/ zerstreuet/ Von dem Wind in schnellem Nu. Wo der Herr sein Häuflein richt/ Da bleibt kein Gottloser nicht. Summa: Gott liebt alle Frommen/ Und wer bös ist/ muß umbkommen.

P. Gerh.

415. Der 27. Psalm.

Johann Crüger: PRAXIS PIETATIS MELICA, Das ist://Übung der Gottse-//ligkeit in Christlichen und Trost-//reichen Gesängen/// Herrn D. Martin Lutheri 12. Edition, Christoff Runge, Berlin 1666, Seiten 542/543. Diese Auflage erschien wenige Jahre nach Crügers Tod und enthielt inzwischen neunzig Lieder von Paul Gerhardt.

reservoir bereit. Er selbst fand tragfähige Sprachmuster in Luthers Bibelübersetzung – »Sei getrost und unverzagt« (Josua 1,6), wie auch in der Tradition der Mystik – »Ich bin dein, du bist mein«.

Unverzagt und ohne Grauen
soll ein Christ, wo er ist,
stets sich lassen schauen.
Wollt ihn auch der Tod aufreiben,
soll der Mut dennoch gut
und fein stille bleiben.

Kann uns doch kein Tod nicht töten,
sondern reißt unsern Geist
aus viel tausend Nöten,
schließt das Tor der bittern Leiden
und macht Bahn, da man kann
gehn zu Himmelsfreuden.

Herr, mein Hirt, Brunn aller Freuden,
du bist mein, ich bin dein,
niemand kann uns scheiden.
Ich bin dein, weil du dein Leben
und dein Blut mir zugut
in den Tod gegeben.

EG 370, 7.8.11 Text: Paul Gerhardt (1653),
Melodie: Johann Georg Ebeling (1666)
(vgl. die Liedbesprechung S. 138)

Einem Zeugnis aus dem Jahr 1693 nach soll Paul Gerhardt mit der mittleren dieser drei Strophen sich schließlich selbst zum Sterben zugerüstet haben.

Ehefrau

Anna Maria Berthold, getauft am 19. Mai 1622, war die jüngste Tochter von Andreas Berthold (gest. 1657) und seiner Frau Elisabeth Hortleder (gest. 1651). Berthold arbeitete seit 1606 als Anwalt beim kurfürstlichen Kammergericht und gehörte mit etwa zwanzig bis dreißig Advokaten sowie den Geistlichen, den Bürgermeistern, Ratsleuten, Richtern und vornehmen Kaufleuten zum ersten Stand innerhalb der Berliner Bevölkerung.

Paul Gerhardt wohnte im Hause Berthold als Hauslehrer wohl einige Jahre, gemeinsam mit Anna Maria. Warum die Vermählung erst am 11. Februar 1655 im Berliner Elternhaus durch Propst Petrus Vehr von St. Nikolai vollzogen wurde, ist kaum zu eruieren. Sie war bereits 32, er 47 Jahre alt. Sicher waren sie sich schon länger versprochen. Mit Amtsantritt Gerhardts in Mittenwalde hätte schon 1652 die Familiengründung nahegelegen. Allerdings zogen sich die Renovierungsarbeiten an der Pfarrwohnung hin. Wahrscheinlich wurde Anna Maria nach dem Tod der Mutter im Dezember 1651, die sie fünf Jahre lang aufopferungsvoll gepflegt hatte, für weitere Familiendienste in Berlin gebraucht.

Die (nur) dreizehn Jahre Ehe waren durch viele Leiderfahrungen gekennzeichnet. Trotz der Geburt von fünf Kindern gab es wegen der frühen Kindstode immer wieder Zeiten der Kinderlosigkeit. Nur im Jahr 1664 lebten fünf Monate lang zwei Kinder in der Familie. Gattin Anna Maria Gerhardt erkrankte schließlich an Tuberkulose und verstarb 46-jährig am 5. März 1668. Wie zuvor drei Kinder des Paares wurde sie in der Berliner St. Nikolai-Kirche nahe der Kanzel bestattet.

Die Leichenpredigt ihres Beichtvaters Samuel Lorenz wurde später in Guben gedruckt, ein Zeichen der Ehrerbietung Gerhardts an seine Frau. Darin werden die Umstände ihres Sterbens detailliert geschildert sowie ihre geistliche Bereitung zum Sterben mit vom Ehemann vorgelesenen Lieblingsliedern. Ihre Lebensführung wird als vorbildlich dargestellt gemäß der zeitgenössischen Erwartungshaltung: fleißig als Hausfrau, liebevoll als Ehefrau, hilfsbereit zu Kranken und Bedürftigen, zurückhaltend in der Öffentlichkeit. Beeindruckend ist die Passage, in der die Pflege ihrer Mutter geschildert wird:

> »Wie Sie denn ihre selige Mutter, da dieselbige endlich ganz kraftlos und unvermögend worden und getreue Aufwartung wohl vonnöten gehabt, keinem Gesinde anvertrauen wollen, sondern hat diesen Dienst selbst auf sich genommen. Und damit Sie ja nicht etwas versäumen möchte, ist sie auch des Nachts nicht von der Mutter gewichen, sondern hat sich bei dero Bette auf der Erden mit einem geringen Lager beholfen, auch sobald sich die Mutter gerühret, munter und wach gewesen zu allem, was sie gefordert und begehret hat; und das hat gewähret ganze fünf Jahre lang.«

Gedächtnisbild für Johann von Kötteritz und seine Ehefrau Caritas, geb. Distelmeyer, siehe Tafel 2 vorne, Ausschnitt Szene Bürgerfrau, Kind und Hund in der Nikolaikirche

Kinder

Dem Ehepaar Gerhardt wurden zwischen 1656 und 1665 fünf Kinder geboren. Vier von ihnen starben im Säuglings- bzw. Kleinkindalter. Alle Nachkommen kamen in Berlin zur Welt, wurden am Taufbecken der St. Nikolai-Kirche getauft und drei der früh verstorbenen auch in dieser Kirche bestattet.

Das erste Kind, Maria Elisabeth, in der Mittenwalder Zeit am 19. Mai 1656 geboren, starb bereits am 14. Januar 1657. Beim zweiten Kind,

Gedenktafel für die früh verstorbene Tochter Maria Elisabeth Gerhardt († 1657) in St. Moritz, Mittenwalde, gestiftet von ihren Eltern Anna Maria und Paul Gerhardt

Anna Katharina, sind Taufdatum (15. Januar 1658) und Tag der Beisetzung 14 Monate später (25. März 1659) bekannt. Das dritte Kind, Andreas, starb vermutlich unmittelbar nach der Geburt im Jahr 1660. Das Ehepaar Gerhardt war also nach fünf Jahren Ehe wieder kinderlos.

Nur das vierte Kind, Paul Friedrich, geboren am 25. August 1662, erreichte das Erwachsenenalter. Bereits im Alter von fünf Jahren verlor er seine Mutter. Ein Jahr später zog er mit nach Lübben. Beim Tod des Vaters stand er im 14. Lebensjahr. Seit 1680 ist er als Student in Wittenberg geführt, wo er – anders als sein Vater – schon nach drei Jahren an der Philosophischen Fakultät die Magisterprüfung ablegte. Er hielt sich dann zeitweilig in Kurland auf, war Schulkonrektor in Bauske bei Riga, heiratete aber eine junge Frau »ehrlichen und vornehmen Herkommens« aus Lübben. Die Ehe blieb wohl kinderlos. Nach vergeblichen Versuchen, in Berlin eine Anstellung als Lehrer zu finden, zog das Ehepaar nach Zerbst, wo Konsistorialrat Feustking 1707 eine Paul-Gerhardt-Werkausgabe herausbrachte. Bemühungen dieses Freundes um eine Lehrerstelle für Paul Friedrich in Sachsen scheiterten. In einem Bittbrief wird die Bibliothek des Vaters als »Mitbringsel« in die Waagschale geworfen. Nur indirekt, aus einer Mitteilung des Gräfenhainicher Superintendenten Sauereßig im Jahr 1717, ist zu erfahren, dass Paul Gerhardts Sohn im Vorjahr in Berlin verstorben sei.

Fünftes Kind der Eheleute Gerhardt war Andreas Christian, geboren im Februar 1664, fünf Monate später verstorben.

Kindstode gaben Paul Gerhardt als Pfarrer wie als Dichter Anlass, den Hinterbliebenen Trost zu spenden. So sind allein sechs bewegende Lieder Gerhardts zu solchen Anlässen überliefert, beispielsweise auf den Tod eines Sohnes und einer Tochter des Berliner Bürgermeisters Michael Zarlang. Erst kürzlich, 2024, wurde der Separatdruck eines Gedichts zum Tod der fünfjährig 1662 in Berlin verstorbenen Hendrina Magdalena Seidel aufgefunden (s. den Abdruck S. 142).

Lübben (1669–1676)

Im September 1668 bot sich für den mit 61 Jahren bereits ziemlich betagten Paul Gerhardt die Möglichkeit, eine Pfarrstelle zu übernehmen in Lübben, im damaligen Kursachsen gelegen, wo die Toleranzedikte des Brandenburger Kurfürsten nicht griffen. Das dortige Archidiakonat war durch das Ableben von Konrad Cnisius vakant. Der aus Lübben gebürtige Leibarzt des Berliner Kurfürsten, Martin Weise, ein Freund Gerhardts, wird die Einladung Gerhardts zur Probepredigt am 14. Oktober lanciert haben. Daraufhin erfolgte der Ruf. Zur Berufungsurkunde hieß es, dass der Rat von Lübben »zu des Herrn Person und fürnehmlich nach desselben abgelegten Predigt sonderbare Beliebung geschöpfet, auch an seiner muss gerühmten treubeständigen reinen Lehre, gutem Leben und Wandel ein Wohlgefallen trage [...]«.

Lübben, Paul-Gerhardt-Kirche mit Paul-Gerhardt-Denkmal

Die Amtsübernahme verzögerte sich bis Juni 1669. Gründe waren vor allem Reklamationen Gerhardts wegen der für seinen Hausstand nicht ausreichenden Pfarrwohnung, aber auch Erkrankungen in seiner Familie. Über Weihnachten 1668 und das folgende Ostern übernahm er allerdings bereits Predigtdienste in Lübben als Gast.

Sein Amt in der Spreewaldstadt versah er dann noch knapp sieben Jahre lang, zunehmend gesundheitlich angegriffen. Aktenkundig sind Auseinandersetzungen um die Gestaltung der Amtsführung und die

Absicherung des täglichen Lebensbedarfes. Als Dichtung ist aus dieser Zeit nur ein dreistrophiges deutsches Gelegenheitsgedicht für Samuel Sturm, Landphysikus in Luckau, bekannt: *Tapfre Leute soll man loben.*

Nach seinem 69. Geburtstag im März 1676 verfasste Paul Gerhardt das Testament an seinen Sohn (s. S. 12) und verstarb dann am 27. Mai, also im biblisch »regulären« Alter (Psalm 90,10). Das Lübbener Begräbnisregister verzeichnet folgende Eintragung: »Den 7. Juny Herr Paul Gerhardt Siebenjähriger treufleißiger und wohlverdienter Archi Diakonus dieser Kirchen im 70sten Jahr seines Alters.« Die Beisetzung erfolgte, wie bei Pfarrern üblich, in einer Gruft unter dem Chorraum der Kirche. Die genaue Stelle ist unbekannt.

Evangelisches Zion, Oder Verbessertes und vermehrtes vollständiges Gesang-Buch, Darinnen [...] geistreiche Lieder, welche in dem Marggrafthum Nieder-Lausitz [...] gesungen werden, zu finden, Samt den Gewöhnlichen Collecten, Kirchen- und andern Gebeten, [...] Voß, Lübben 1726, Frontispiz mit Stadtansicht von Lübben mit Ständehaus, heute Landratsamt

Häusliches Leben / Einkünfte

Paul Gerhardt stammte aus durchaus vermögenden Verhältnissen. Sein Vater war in Gräfenhainichen Bürgermeister und Gastwirt, der als Ackerbürger auch Landwirtschaft betrieb und dafür einiges Personal beschäftigte. Nach dem Tod beider Eltern standen für die exquisite Schulausbildung der Söhne in Grimma und für die Unterbringung der Töchter ausreichend Geldmittel zur Verfügung.

Während der langen Studienzeit in Wittenberg konnte Gerhardt seinen Lebensunterhalt als Hauslehrer absichern und wohnte kostenfrei in einem Pfarrhaus. Dies fand seine Fortsetzung in Berlin, wo er im vornehmen Haushalt des Kammergerichtsadvokaten Berthold als Hauslehrer unterkam.

In den fünfeinhalb Jahren Probstamt Mittenwalde bezog Gerhardt standesgemäße Einkünfte und konnte eine Familie gründen. Die Pfarrstelle in Berlin war gut dotiert und ermöglichte eine dem Amt angemessene Lebensführung inklusive Hauspersonal. Zudem stammte seine Ehefrau aus einer wohlhabenden Berliner Familie. Die Dienst-

V. l. n. r.: 1.) Halberstädter Groschen, 1659. Avers: Brustbild Kurfürst Friedrich Wilhelm. Revers: Kurzepter im Kreis, 24stel Taler = 1 Groschen, Silber 2.) Avers: Drei Pf(ennige) Br(andenburgische) Landesmünz(e), 1658. Revers: Brandenburgischer Adler, Kurwappen. Münzstätte Berlin, Billon (Kupfer versilbert). 3.) Einseitig: Ein Pf(ennig) Br(andenburgische) Landesmünz(e), 1657. Münzstätte Berlin, Billon (Kupfer versilbert)

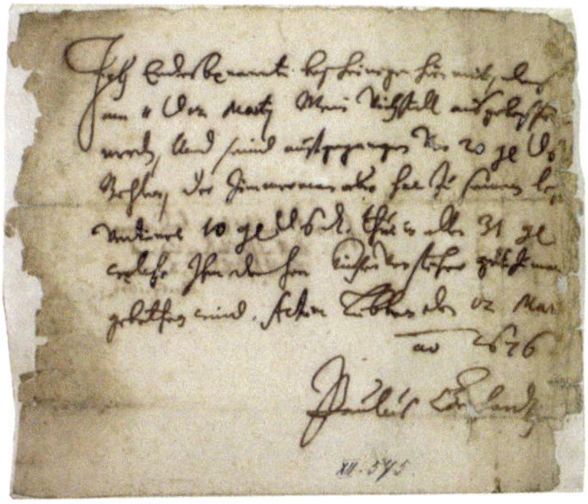

Handschriftliche Zahlungsanweisung von Paul Gerhardt, ausgestellt am 12. März 1676: »Ich Erstbenannter bescheinige hiermit, daß am 11. u(nd) 12. Martii mein Viehstall ausgebessert worden, Und seind aufgegangen von 20 Gr(oschen) u(nd) 6 Pf(ennigen) Bohlen, der Zimmermann aber hat zu seinem Lohn verdienet 10 Gr(oschen) und 6 Pf(ennige). Thut in allen 31 Gr(oschen), welche Ihm der Herr Kirchenvorsteher gut zu machen gebethen wird. Actum Lübben den 12. Martii a(nno) 1676 Paulus Gerhardt«

wohnung wurde der Familie für die gesamte Pfarrdienstzeit gestellt und trotz Amtsenthebung zweieinhalb Jahre darüber hinaus, bis zum Umzug nach Lübben.

Die Ehefrau führte den Haushalt und versorgte die Kinder. Hauspersonal stand ihr zu Diensten. Nach dem Tod der Ehefrau (1668) übernahm deren (verwitwete) Schwester Sabina Fromm die Haushaltsführung bis zu ihrem Tod 1674. Beim Umzug nach Lübben umfasste der Hausstand Gerhardts sieben Personen: er selbst, Schwägerin Sabina Fromm, deren Sohn Andreas Fromm, der eigene Sohn Paul Friedrich, drei Angestellte (Mägde, Köchin). Dafür (und für seine Bibliothek) erwirkte Gerhardt in mühsamen Verhandlungen die Erweiterung des Lübbener Pfarrhauses zum Doppelhaus.

Paul Gerhardt hinterließ eine stattliche Bibliothek. Aller Wahrscheinlichkeit nach ist die für Oktober 1716 nach dem Tod seines Sohnes in Berlin belegte Versteigerung von nicht weniger als 1.150 Titeln dieser Bestand.

Das hinterlassene Vermögen erlaubte dem Sohn Paul Friedrich, nach dem Tod des Vaters in Lübben mit Hauspersonal wohnen zu bleiben und seine Schulbildung abzuschließen, um dann das Studium in Wittenberg aufzunehmen.

»Testament« und Tod (1676)

»Unser Leben währet siebenzig Jahr« (Psalm 90,10), las Paul Gerhardt in seiner Lutherbibel. Nach Eintritt in das 70. Lebensjahr (69. Geburtstag am 12. März 1676) verfasste er für seinen damals 13-jährigen Sohn Paul Friedrich eine Art Vermächtnis. Dieser stellte das Manuskript Johann Heinrich Feustking (1672–1713) für dessen 1707 edierte Gerhardt-Werkausgabe zur Verfügung, wo es in der »Vorbericht« genannten Einleitung abgedruckt ist.

Der Text (s. S. 12) ist ein ergreifendes menschliches Dokument. Überaus bescheiden fasst der Vater für seinen einzigen Nachkommen in klarer Sprache sein eigenes Leben zusammen und gibt dem Sohn eindringlich praktische Hinweise und Empfehlungen für seine zukünftige Lebensführung. Konkrete testamentarische Themen wie die Regelung des Nachlasses sind in dem abgedruckten Text nicht berührt. Sie fanden sich wohl an anderer Stelle in einer umfassenderen testamentarischen Verfügung. Ausdrücklich mahnt der Vater den Sohn zu Lernfleiß und vor allem zur Treue gegenüber seiner Kirche. Predigtartig entfaltet Gerhardt die geistliche Dimension des Lebens und schwört den Sohn auf ein Leben und Studium streng nach den lutherisch-orthodoxen Grundsätzen ein. Dazu gehört die explizite Warnung vor »Synkretismus«, damaliges Schimpfwort der Lutheraner für das

Lübben, Paul-Gerhardt-Kirche, Fenster mit Porträt des Dichterpfarrers in der Sakristei

Abweichen von der reinen Lehre durch Vermischung mit anderen Denkweisen und Ansichten.

Die Verbindung von testamentarischen Verfügungen mit religiösen Anweisungen für die Lebensführung der Nachkommen ist im Zeitkontext nicht ungewöhnlich.

Zweieinhalb Monate nach seinem 69. Geburtstag verstarb Paul Gerhardt, ganz gemäß seiner im Testament artikulierten »fröhlichen Hoffnung« auf eine »in kurzem« erfolgende Befreiung aus den Fesseln dieser »bösen Welt«.

Sein Sohn sollte sich allerdings nicht an die vom Vater verfügte Übereignung an Gott halten, »dass er ein Diener und Prediger seines Heil.[igen] Wortes werden soll«. Paul Friedrich studierte dann zwar an der orthodoxen Wittenberger Universität, aber in der Philosophischen Fakultät, und wurde demgemäß Lehrer, nicht Pfarrer.

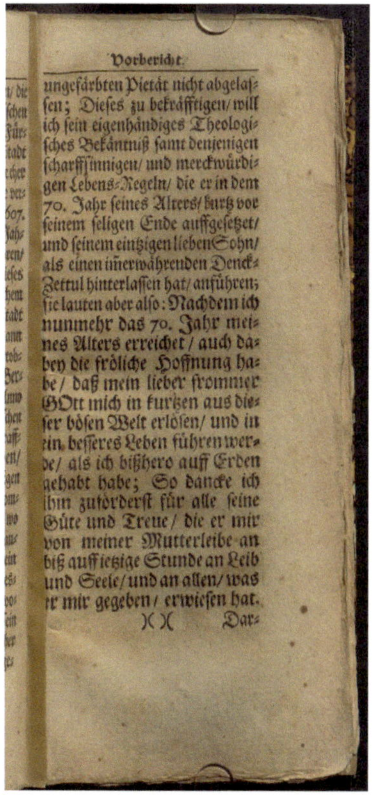

Vorbericht.

ungefärbten Pietät nicht abgelassen; Dieses zu bekräfftigen/ will ich sein eigenhändiges Theologisches Bekäntniß samt denjenigen scharffsinnigen/ und merckwürdigen Lebens-Regeln/ die er in dem 70. Jahr seines Alters/ kurtz vor seinem seligen Ende auffgesetzet/ und seinem eintzigen lieben Sohn/ als einen immerwährenden Denck-Zettul hinterlassen hat/ anführen; sie lauten aber also: Nachdem ich nunmehr das 70. Jahr meines Alters erreichet / auch dabey die fröliche Hoffnung habe / daß mein lieber frommer GOtt mich in kurtzen aus dieser bösen Welt erlösen/ und in ein besseres Leben führen werde/ als ich bißhero auff Erden gehabt habe; So dancke ich ihm zuförderst für alle seine Güte und Treue/ die er mir von meiner Mutterleibe an biß auff ietzige Stunde an Leib und Seele/ und an allen/ was er mir gegeben / erwiesen hat.

)( )(Dar-

Testament-Textbeginn, im Vorbericht der Feustking-Werkausgabe (3. Auflage 1723) abgedruckt, S. 23 (siehe S. 91 und 146)

Das Paul-Gerhardt-Gemälde in Lübben

Unbekannter Künstler: Bildnis Paul Gerhardt, Anfang 18. Jh., Öl auf Leinwand, Paul-Gerhardt-Kirche Lübben

Im Chorraum der Lübbener Kirche, die (erst) seit 1931 Paul-Gerhardt-Kirche heißt, hängt ein Gemälde, das den Dichterpfarrer in Lebensgröße zeigt und für das Jubiläumsjahr 2026 restauriert wurde. Es wurde nach seinem Tode gemalt. Künstler und Zeitpunkt der Installation des Gemäldes sind nicht bekannt. Die Motivik ist typisch für zeitgenössische Darstellungen von Geistlichen. In der Amtstracht des Talars zeigt Gerhardt mit dem Zeigefinger der rechten Hand auf sein Herz und den Gekreuzigten, in der Linken hält er die Bibel.

Die beiden lateinischen Inschriften lauten in Übersetzung:

Links:

»Paulus Gerhardus, im Sieb des Satans erprobter Theologe, hernach fromm gestorben zu Lübben im Jahr 1676, im 70. Lebensjahr.«

Rechts:

»Ganz wie er lebte, sind hier Paul Gerhardts Züge zu schauen,
Draus nur Glaube allein, Hoffnung und Liebe gestrahlt;
Ja, er lehrte bei uns, ein wiedererstandener Assaph,
Und er erhob im Gesang, güt'ger Erlöser, dein Lob.
Hoch von den himmlischen Höhn steigt nieder der Heilige Geist uns,
Singen die Lieder wir oft, die er gesungen dem Herrn.«

Autor der lateinischen Urfassung ist Gottlieb Wernsdorf (1668–1729), Professor und Generalsuperintendent in Wittenberg. Diese Nachdichtung präsentierte Theodor Fontane in seinen »Wanderungen durch die Mark Brandenburg« (Bd. IV, 1881), bezogen auf eine Kopie des Lübbener Gemäldes in der Kirche in Mittenwalde.

Beide Texte stehen mit identischem Wortlaut bei einem Porträt-Stich, der in der zweiten Auflage der Feustking-Werkausgabe, ediert (zum Reformationsjubiläum) 1717 in Wittenberg, erstmals greifbar ist (s. Tafel 1). Das Anfangswort »sculpta« der zweiten Unterschrift heißt »gestochen«. Demnach sind die Texte für diesen Stich verfasst. Es spricht also einiges dafür, dass das Lübbener Gemälde erst nach 1717 entstand und nicht nur die Texte, sondern auch die physiognomische Gestaltung aus dem Stich übernommen wurden.

Nach bisherigem Wissensstand gibt es kein Porträt zu Lebzeiten Paul Gerhardts, welches als Vorlage für Gabriel Uhlichs Portrait hätte dienen können. Alle Gerhardt-Darstellungen der Folgezeit sind also von diesem Stich bzw. dem Lübbener Gemälde abhängig.

Gabriel Uhlich: Paul Gerhardt, um 1707/1717, Kupferstich

STREIT

Berliner Kirchenstreit I – Ursachen

Seit Kurfürst Johann Sigismund im Jahr 1613 vom Luthertum zum reformierten, calvinistischen Glauben (vgl. S. 64) übergetreten war, gab es in Brandenburg eine Spaltung zwischen reformiertem Hof und lutherischen Untertanen. Während die Prinzen des kurfürstlichen Hofes über Generationen ihre Jugend in den reformierten Niederlanden zu verbringen hatten und von daher starke calvinistische Prägungen mitbrachten, blieben die Untertanen (mit kurfürstlicher Erlaubnis!) lutherisch, so dass sich der Calvinismus zur Hof- und Beamtenreligion entwickelte. Die Kurfürsten holten viele Niederländer zum Aufbau von Residenzstadt und Staatswesen nach Berlin. So kam es in der Mark Brandenburg wiederholt zu konfessionellen Streitigkeiten, die nach dem Dreißigjährigen Krieg erneut entbrannten.

Anonym: Bildnis Johann Sigismund, Kurfürst von Brandenburg, im Hermelin, zwischen 1608 und 1616, Öl auf Pergament auf Holz aufgezogen

Die Vorgänge in Berlin standen mit den kirchlichen Bewegungen im übrigen Deutschland in Wechselwirkung. Ein Religionsgespräch in Kassel 1661 mit analoger Konfliktlage zwischen reformiertem kurhessischen Hof und lutherischem Land stimmte den Kurfürsten Friedrich Wilhelm zuversichtlich in Bezug auf Verhandlungen zwischen Calvinisten und Lutheranern. Nach dem Friedensschluss von Oliva (1660) mit Polen und Schweden konnte sich der (seit 1640 regierende) brandenburgische Landesfürst wirksamer den inneren Angelegenheiten seiner Herrschaftsgebiete zuwenden.

Die Stadt Berlin war überwiegend lutherisch-orthodox ausgerichtet. Kurfürst Friedrich Wilhelm bemühte sich aus machtpolitischen Gründen, den Vertretern der calvinistisch-reformierten Glaubensauffassungen hier mehr Einfluss zu verschaffen. Er ordnete an, im Berliner Magistrat auch reformierte Kirchenmitglieder einzusetzen. Diese und andere Maßnahmen weckten großen Unmut unter den Berliner Lutheranern, da sie sich in ihren Rechten beschnitten sahen und weitere Verschlechterungen befürchteten. Durch ihre Ordinationsverpflichtung auf die Konkordienformel (1577/80), eine Bekenntnisschrift mit Verwerfungen calvinistischer Lehren (vgl. S. 61), war den lutherischen Geistlichen ein Einlenken verwehrt. Einige von ihnen, etwa Paul Gerhardts Amtsbruder Archidiakon Elias Sigismund Reinhardt von St. Nikolai, betrieben zudem überaus scharfe Kanzelpolemik (vgl. S. 73) gegen die reformierten Auffassungen. Sie griffen damit nicht nur die calvinistische Kirche im Allgemeinen an, sondern auch den Kurfürst selbst. Da dieser als Landesherr auch »summus episcopus« (oberster Bischof) in seinem Lande war, musste er auf die Angriffe reagieren.

Andreas Ludwig Krüger nach Johann Stridbeck: »Die Domkirche und die Stech= Bahn in Cölln an der Spree«, 1690/1795, Federzeichnung

Die Streitigkeiten wurden dadurch verschärft, dass der Landesfürst im Bestreben, seinem Volk und Land den so notwendigen Kirchenfrieden zu verschaffen, die Verpflichtung der Pfarrer auf die Konkordienformel bei der Ordination aufhob, »das unnötige Eifern, Gezänk und Disputieren der Geistlichen auf den Kanzeln« verbot und seinen Landeskindern das Studium der Theologie und Philosophie in Wittenberg untersagte. Stattdessen war die landeseigene Universität in Frankfurt an der Oder seit 1613 mit den Neuberufungen konsequent calvinisiert worden.

Lutherische Orthodoxie

Martin Luther (1483–1546) stieß 1517 mit der Veröffentlichung seiner 95 Thesen zum Bußsakrament (und wohl auch deren Anschlag an der Schlosskirche zu Wittenberg am 31. Oktober) die umfassende kirchliche Erneuerungsbewegung an, die gemeinhin »die Reformation« benannt wird. Ursprünglich war es das Anliegen Luthers, die römische Kirche zu reformieren. Mit der Verhängung des Kirchenbannes 1521 gegen Luther durch den Papst bis hin zur Confessio Augustana von 1530 (Bekenntnis der lutherischen Reichsstände auf dem Augsburger Reichstag) wurde deutlich, dass grundlegende Veränderungen innerhalb der alten kirchlichen Strukturen nicht möglich waren.

Die Bezeichnung »Lutheraner« war ursprünglich eine provokante Benennung von römisch-katholischer Seite zur Identifizierung der Protestanten als Ketzer. Erst später wurde der Begriff zur Selbstbezeichnung, um die Abgrenzung sowohl zu den römischen Katholiken

Reformationsmedaille, 1617, sächsisch. Medailleur: CM (Christian Maler). Avers: Altar mit aufgeschlagener Bibel, links: Kurfürst von Sachsen im Kurornat mit Kurschwert und zum obigen Gotteszeichen weisender Hand; rechts: Martin Luther mit Kerze, auf die Bibel weisend. Revers: elfzeilige lateinische Inschrift (Luther hat uns Licht gebracht, Gottes Wort aus der finsteren Nacht. Dafür dankt Gott die christliche Schar, weil er erhalten hundert Jahr, Gott immerdar sein Kirch bewahr. Martin Luther Theologe). Silber, Ø 39 mm, 15,09 g

als auch zur calvinistisch geprägten evangelisch-reformierten Kirche zu demonstrieren.

Nach Luthers Tod im Februar 1546 entwickelten sich unter den Lutheranern unterschiedliche Strömungen, die sich auch gegenseitig bekämpften. Erst als 1580 im »Konkordienbuch« neben den Glaubensbekenntnissen die »Konkordienformel« (Dokument der Verständigung, vgl. S. 62) publiziert wurde, begann eine Phase der Konsolidierung innerhalb der lutherischen Theologie. Mit dem Begriff lutherische Orthodoxie wird in der Regel diese theologiegeschichtliche Epoche (1580 bis ca. 1730) zwischen Einigung der Lutheraner und von der Aufklärung beeinflusster Neuausrichtung der Theologie bezeichnet. Kennzeichnend ist ein breit entfaltetes Lehrsystem, dokumentiert in zahlreichen dogmatischen Publikationen und Lehrbüchern. Dabei hielten philosophische Denkmuster verstärkt Wiedereinzug in die Theologie. Der Aristotelismus erlebte in der lutherischen Orthodoxie eine Renaissance. Für Philosophie und Theologie galt eine gemeinsame Struktur von Wahrheit. Bedeutende Vertreter waren beispielsweise Martin Chemnitz (1522–1586, Braunschweig), Leonhard Hutter (1563–1616, Wittenberg), Johann Gerhard (1582–1637, Jena), Abraham Calov (1612–1686, Wittenberg).

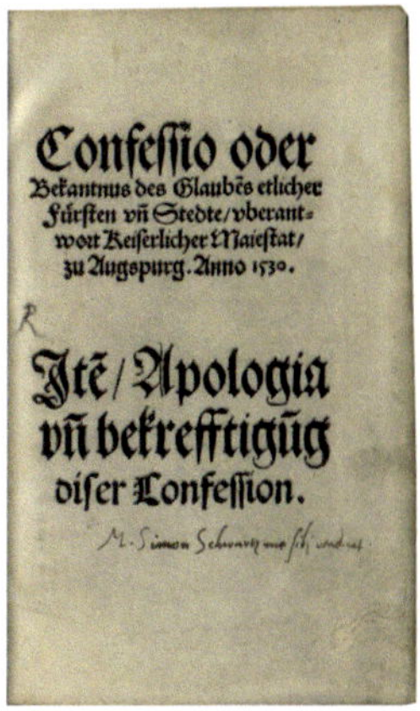
Confessio oder
Bekantnus des Glaubēs etlicher Fürsten vñ Stedte/ vberantwort Keiserlicher Maiestat/ zu Augspurg. Anno 1530.
Itē/ Apologia vñ bekrefftigũg diser Confession.

Philipp Melanchthon: Confessio oder Bekantnus des Glaube[n]s etlicher Fürsten vn[d] Stedte, vberantwort Keiserlicher Maiestat, zu Augspurg, Anno 1530

Komplementär zur »rechten« kirchlichen Lehre blühte eine private Frömmigkeitspraxis auf, die im Anschluss an Johann Arndts »Vier Bücher vom wahren Christentum« (1610) mystische Strömungen integrierte und eine stark emotional geprägte, persönliche Beziehung zu Jesus als dem Heiland kultivierte. Paul Gerhardt bezog sich mehrfach explizit auf Texte von Johann Arndt (1555–1621).

Konkordienformel (1577)

Zahlreiche theologische Streitigkeiten drohten nach Martin Luthers Tod (1546), die Einheit der Lutheraner zu untergraben, vor allem die verbittert ausgetragenen Differenzen zwischen den Anhängern Philipp Melanchthons (Philippisten), namentlich in Kursachsen, die ein »mildes« Luthertum vertraten, und den sogenannten Gnesiolutheranern in Niedersachsen und Württemberg, die Luthers Positionen in strenge Lehrgebäude fassten.

Unter Federführung des Württemberger Lutheraners Jakob Andreae (1528–1590) entwarfen die Beteiligten in der Zeit von 1574 bis 1577 ein gemeinsames Einigungswerk, die »Konkordienformel«, als Norm und Richtschnur für den lutherischen Glauben. In zwölf Artikeln wurde ein gemeinsames Bekenntnis formuliert. Beim Abendmahlsverständnis wurde die Realpräsenz Christi in Brot und Wein festgeschrieben. Bei der Lehre von der Person Jesu Christi wurden dessen zwei Naturen festgehalten, also das Zusammengehören von göttlichem und menschlichem Wesen. In Sachen Gerechtigkeit vor Gott gilt allein der Glaube als entscheidend. Mit Luther ist Gnade ausschließlich als Geschenk Gottes zu verstehen und kann nicht durch eigene Leistung erlangt werden. Die Konkordienformel enthält zahlreiche explizite Verwerfungen calvinistischer Lehrpositionen (vgl. S. 64).

Alle Pfarrer in Kursachsen und in den anderen lutherischen Ländern mussten zur Ordination ein schriftliches Bekenntnis auf die Konkordienformel ablegen. In Brandenburg legten die selbstbewussten lutherischen Patrone (Magistrate, Räte, Adlige) ebenfalls Wert darauf. Für seine Pfarrstelle in Mittenwalde war Paul Gerhardt also auf diese Bekenntnisschrift ordiniert worden.

CONCORDIA
יהוה
Christliche/
Widerholete einmütige Bekentnüs
nachbenanter Churfürsten/ Fürsten vnd
Stende Augspurgischer Confession/vnd derselben
Theologen Lere vnd glaubens:
Mit angehefftter/in Gottes wort/als der einigen Richt-
schnur/ wolgegründter erklerung etlicher Artickel/ bey
welchen nach D. Martin Luthers seligen absterben/
Disputation vnd streit vorgefallen.
Aus einhelliger vergleichung vnd
beuehl obgedachter Churfürsten/ Fürsten vñ Stenden/
derselben Landen/ Kirchen/ Schulen vnd Nachkommen/
zum vnderricht vnd warnung in Druck
verfertiget.
Mit Churf. G. zu Sachsen befreihung.
Dreßden. M. D. LXXX.

Titelseite des Konkordienbuchs, 1580, welches auch die Konkordienformel enthält

Reformierte Kirche – Calvinismus

Der Calvinismus ist die theologische Strömung innerhalb der evangelischen Christenheit, die auf den Schriften des Genfer Reformators Johannes Calvin (1509–1564) basiert und sich in Europa zeitgleich zur Reformation Martin Luthers ziemlich weit verbreitete. In Deutschland entstand daraus die »Evangelisch-Reformierte Kirche« oder auch nur »Reformierte Kirche«.

Calvins Theologie betont die unbedingte Heiligkeit Gottes. Alle eigene Leistung, auch die Glaubensentscheidung, gelten ihm als Versuch, Gottes Alleinherrschaft einzuschränken. Wie im Luthertum gehören zur Basis des Calvinismus die vier »Soli«: *sola scriptura* – allein die Schrift (nicht die kirchliche Tradition) ist Grundlage des christlichen Glaubens; *solus Christus* – allein Christus (nicht ein kirchliches Lehramt) hat Autorität über die Gläubigen; *sola gratia* – allein durch die Gnade Gottes (nicht aufgrund eigener Leistung) wird der Mensch errettet; *sola fide* – allein durch den Glauben (nicht durch gute Werke) wird der Mensch gerechtfertigt.

Besonderheiten der reformierten Kirche sind die ausgeprägte Prädestinationslehre – Vorherbestimmung allen menschlichen Handelns durch den Willen Gottes; auf Erwählung darf hoffen, wer sein Leben heiligt durch Erfüllung seiner irdischen Pflichten nach dem Gesetz der Heiligen Schrift Alten und Neuen Testaments – demzufolge herrscht ein hohes Arbeitsethos; eine asketische Lebensweise, wozu auch die Ablehnung jeglichen religiösen Bilderkults gehört; strenge Kirchenzucht, also Strafen bei unmoralischem Verhalten von Gemeindemitgliedern. Die Kirchenordnung ist allerdings weniger hierarchisch angelegt als bei den Lutheranern. Ein zentraler Lehrunterschied besteht beim Abendmahl. Während im Luthertum die faktische »Realpräsenz« Christi in Brot und Wein als Leib und Blut Christi gilt, sehen die

Calvinisten in Brot und Wein nur ein Symbol für die Gegenwart Christi.

Der Calvinismus wurde zu einer geistigen Grundlage des fürstlichen Absolutismus, insbesondere in den Niederlanden, welche sich zur wirtschaftlichen und politischen Großmacht in Europa entwickelten. In dieser Tradition stand auch Kurfürst Friedrich Wilhelm, dessen Großvater Kurfürst Johann Sigismund (1592–1619) 1613 zur calvinistischen Religion übergetreten war und diese für den Hofstaat verbindlich gemacht hatte.

Anonym: Porträt Johannes Calvin, 16. Jh., Kupferstich

Kurfürst Friedrich Wilhelm (1620–1688)

Friedrich Wilhelm betrieb eine pragmatisch-entschlossene und reformfreudige Regierungspolitik, welche sein Land letztlich zur Großmacht beförderte und die Hohenzollern zu einem der führenden deutschen Herrscherhäuser in Europa machte. In Bezug auf die 1675 gewonnene Schlacht von Fehrbellin gegen die Schweden erhielt er später den Beinamen »der Große Kurfürst«.

Von Jugend an wurde Friedrich Wilhelm calvinistisch erzogen. Seine Mutter Elisabeth Charlotte von der Pfalz (1597–1660) war eine fromme Calvinistin, ebenso eifrig der Hofmeister und Prinzenerzieher Johann Friedrich Kalkum von Leuchtmar. Von 1634 bis 1638 ging Friedrich Wilhelm mit seinem Erzieher auf »Kavalierstour« in die reformierten Niederlande und erhielt hier prägende Eindrücke für sein ganzes Leben. Er heiratete die niederländische Prinzessin Louise Henriette von Oranien (1627–1667), eine dezidiert gläubige Calvinistin.

Jaques Vaillant: Bildnis Kurfürst Friedrich Wilhelm von Brandenburg, um 1660–1680, Öl auf Leinwand

Mit dem Tod seines Vaters Georg Wilhelm (Kurfürst seit 1619) trat Friedrich Wilhelm am 1. Dezember 1640 die Regentschaft in einem weit verstreuten Herrschaftsgebiet an. Nach dem Ende des Dreißigjährigen Krieges (1648) gingen äußere Bedrohungen weiter von Schweden, Frankreich, Polen und dem Haus Habsburg aus. So betrieb Friedrich Wilhelm eine

Carl F. Paalzow: Friedrich Wilhelm, der große Kurfürst von Brandenburg nebst Seiner Gemahlin Prinzeßin von Oranien, 1828, Lithographie nach einem Gemälde von Jan Mytens, um 1664/67

vorsichtige Schaukelpolitik zwischen den Großmächten, um seine wirtschaftlich und militärisch schwachen Länder zu entwickeln. Über seine erste Ehefrau war die gute Beziehung zur damals führenden Macht Europas, die Niederlande, gesichert.

In der Tradition seines Großvaters Johann Sigismund bemühte sich Friedrich Wilhelm, dem Calvinismus in seinen lutherischen Herrschaftsgebieten mehr Einfluss zu verschaffen, nicht zuletzt, da er territoriale Einbußen durch abtrünnige Provinzen befürchtete.

In einen nachhaltigen Konflikt geriet Friedrich Wilhelm in der von der lutherischen Orthodoxie besonders stark geprägten Residenzstadt Berlin. Seine vermeintliche Toleranzpolitik verschlechterte de facto die Lage der Lutheraner und führte zum »Berliner Kirchenstreit«.

Staatspolitisch war Friedrich Wilhelm sehr erfolgreich. Als er nach fast 48 Regierungsjahren am 9. Mai 1688 starb, hatte er aus einem außenpolitisch schwachen und territorial zerrissenen Staatsgebilde die von allen Großmächten der damaligen Zeit anerkannte Mittelmacht Brandenburg-Preußen geschaffen.

Berliner Kirchenstreit II – Verlauf

Gedächtnisbild für Johann von Kötteritz und seine Ehefrau Caritas, geb. Distelmeyer, siehe Tafel 2 vorne, Ausschnitt mit Blick in die Nikolaikirche

Im Landtagsrezess von 1653 hatte der Kurfürst dem Adel, der im Vorjahr bei einem allgemeinen Landtag auf dem Privileg der Steuerfreiheit beharrt und seinen streng lutherischen Standort betont hatte, zugestanden, dass die Stände bei der lutherischen Augsburger Konfession von 1530 »verharren möge[n], und alle und jede ihre Symbolici Libri [Bekenntnisschriften] ungekränkt verbleiben, und es in allen gelassen werden soll [...]«. Während der Adel damit zufriedengestellt war, fanden sich die lutherischen Geistlichen nicht mit dem Erstarken des Calvinismus ab, sondern erklärten die reformierte Lehre für ketzerisch. Der Diakon der St. Nikolai-Kirche Johann Heinzelmann formulierte in einer Predigt: »So verdammen wir nun die Papisten, die Calvinisten [...] mit einem Worte, wer nicht lutherisch ist, der ist verflucht.« Als Gegenmaßnahmen des Kurfürsten sind aufzulisten:

- Im Jahr 1655 untersagte der Kurfürst dem Berliner Konsistorium, an den Feierlichkeiten zum 100-Jahr-Jubiläum des Augsburger Religionsfriedens in Wittenberg teilzunehmen.
- Im Dezember 1656 untersagte der Kurfürst die Ordination der Pfarrer mit Verpflichtung auf die Konkordienformel, publiziert 1580. Nur die Bibel, die altkirchlichen Bekenntnisse und die Confessio Augustana (1530) sollten fortan Basis der Amtsverpflichtung sein.

- Im März 1657 untersagte er, Kandidaten der Theologie außerhalb des Landes examinieren und ordinieren zu lassen. Damit war brandenburgischen Studenten der Studienabschluss in Wittenberg, Hochburg der lutherischen Orthodoxie, verwehrt.
- 1659 wurde der Berliner Pfarrer Samuel Pomarius (1624–1683) des Landes verwiesen, u. a. weil er in einer Predigt nicht den Sieg der reformierten Niederländer, sondern den lutherischen Schwedenkönig gepriesen hatte. Ebenso wurde der Präsident des Berliner Konsistoriums Joachim Kemnitz (1600–1663) seines Amtes enthoben, da er Pomarius eine Stelle in Salzwedel zugesprochen hatte und dessen Berliner Nachfolger das Ordinationsgelübde auf die verbotene Konkordienformel ablegen ließ.
- Am 2. Juni 1662 erließ Kurfürst Friedrich Wilhelm ein erstes Toleranzedikt, welches den Lutheranern die Kanzelpolemik verbot, verbunden mit dem Angebot, bei abweichender Auffassung außer Landes gehen zu können. In einem weiteren Edikt untersagte er am 21. August allen Landeskindern das Theologie- und Philosophiestudium in Wittenberg.
- Ebenfalls 1662 setzte der Kurfürst zur gegenseitigen Vermittlung Religionsgespräche in Berlin an unter dem Vorsitz des (reformierten) Staatsministers Otto von Schwerin, an denen auch Paul Gerhardt teilnahm. Sie blieben erfolglos.
- Ein noch nachdrücklicheres zweites Toleranzedikt (1664), das bei Nichtbefolgung die Amtsenthebung androhte, zog eine sofortige Gegenreaktion bei den lutherischen Geistlichen nach sich. Sie verweigerten die Unterschrift beim Empfang und die Bekanntmachung des Ediktes durch Abkündigung in ihren Kirchen und sandten dem Kurfürsten eine Eingabe, in der ihre Gewissensnot offenkundig zutage trat. Sie forderten den Potentaten auf, ihnen nichts zuzumuten, was sie von der gesamten lutherischen Kirche trennen würde. Weitere Proteste vonseiten der Berliner Bürgerschaft und der Stände folgten.

Berliner Religionsgespräche (1662–1663)

Da er sich mit dem ersten Toleranzedikt (1662) bei den lutherischen Geistlichen nicht durchsetzen konnte, setzte Kurfürst Friedrich Wilhelm ein Colloquium an zwischen seinen reformierten Hofpredigern und den lutherischen Ministerien der Pfarrer von Berlin und Cölln an der Spree. Diese »Berliner Religionsgespräche« kamen nur schleppend in Gang und dauerten mit insgesamt 17 Sitzungen vom 1. September 1662 bis 29. Mai 1663. Otto Freiherr von Schwerin (1616–1679), Hofmeister der Kurfürstin Louise Henriette, später Oberpräsident des Geheimen Rates und aller Zivilbehörden und als Minister u. a. mit der Neuregelung des Kreditwesens in der Mark Brandenburg betraut, war hier beauftragt, zwischen Lutheranern und Reformierten zu vermitteln und die Religionsgespräche zu leiten. Er selbst gehörte der reformierten Konfession an.

Protokollbände der Religionsgespräche aus dem Nachlass Martin Lubaths, Pfarrer an St. Marien und Mitstreiter Paul Gerhardts bei den Religionsgesprächen

Anonym: Martin Lubath, 17. Jh., Kupferstich.

Im Rahmen der Verhandlungen, protokolliert in dicken Folianten, in denen es um Einzelheiten des Abendmahlsverständnisses, um das Problem der Willensfreiheit bzw. der Prädestination, um den von den Lutheranern praktizierten Exorzismus bei der Taufe (vgl. S. 74) u. a. ging, arbeitete Paul Gerhardt mehrfach Positionspapiere und Voten für die lutherische Seite aus und fungierte als Schriftführer der Lutheraner. Dabei beteiligte er sich engagiert und durchaus polemisch an den Fachdiskussionen.

Die Gespräche führten de facto zu einer Vergrößerung des Zwiespalts zwischen Lutheranern und Reformierten, den sie doch verkleinern sollten. Die vom Kurfürsten gewünschte Fortsetzung unterblieb deshalb.

Anonym: Ansicht des kurfürstlichen Schlosses, 1680–1700, Öl auf Leinwand

Katechismus

Der Katechismus ist ein Handbuch für die Unterweisung in den Grundfragen des christlichen Glaubens. Die christlichen Konfessionen hatten je eigene Katechismen, abgefasst entweder für Lehrende oder für Lernende. Für Paul Gerhardt war der Kleine Katechismus von Martin Luther mit dem Titel *Der kleine Catechismus, für die gemeine Pfarrherr und Prediger* (1529) ausschlaggebend. In didaktisch elementarer Frage-Antwort-Struktur werden die Zehn Gebote, das Glaubensbekenntnis, das Vaterunser, die Taufe, die Beichte und das Abendmahl behandelt, dazu kommen eine Haustafel, das Trau- und das Taufbüchlein.

Für die zu Unterweisenden galt die Edition *Der kleine Catechismus, für die jungen Knaben und Mägdlein, aufs einfältigste in Fragestücke verfasset* (ebenfalls 1529). Dieser *Kleine Katechismus* wurde an allen evangelischen Schulen gelehrt und war auswendig zu lernen. An höheren Schulen war es beliebte Übung, den Katechismus ins Lateinische, später auch ins Griechische übersetzen zu lassen; dies hatte Gerhardt in Grimma erlernt. Darüber hinaus gehörte für lutherische Pfarrer der ähnlich gegliederte, wesentlich ausführlichere *Große Catechismus* (Martin Luther 1529) zu den für die Ordination verbindlichen Bekenntnisschriften. In der Konkordienformel heißt es dazu: »[…] solche beiden Catechismi […], als zu der Laien Bibel, darin alles begriffen, was in Heiliger Schrift weitläuftig gehandelt und einem Christenmenschen zu seiner Seligkeit zu wissen vonnöten ist.«

Martin Luther: Der große Katechismus, 1529, Titel in Holzschnitt-Einfassung (Deudsch// Catechis=//mus.// Mart. Luther, Gedrückt zu Wittemberg durch|| Georgen Rhaw M.D.XXIX)

Kanzelpolemik

Kanzelpolemik meint die bei Predigten auf der Kanzel vorgetragene Kritik an der jeweils anderen Lehre, welche sich durch scharfe und direkte Äußerungen, teilweise auch persönliche Angriffe auszeichnet. Dieser Form der Selbstverteidigung bedienten sich die Lutheraner, um sich gegen die innere und äußere Bedrohung durch die katholische Gegenreformation wie durch den Calvinismus zur Wehr zu setzen. In den Toleranzedikten des brandenburgischen Landesfürsten Friedrich Wilhelm wurde den Lutheranern die Kanzelpolemik untersagt.

Von Paul Gerhardt sind keine Zeugnisse erhalten, dass er selbst Kanzelpolemik praktiziert hat. Überliefert sind lediglich vier gedruckte Leichenpredigten. Es gibt auch keine Aktenstücke, die Gerhardts Beteiligung an Kanzelpolemik belegen könnten. Im Gegenteil ist hier seine »Moderation« (Mäßigung) festgehalten.

Die restaurierte, in weiten Teilen rekonstruierte Kanzel der Klosterkirche wird seit 2007 anstelle der historischen Nikolai-Kanzel in der Berliner Nikolaikirche präsentiert. Paul Gerhardt predigte von beiden Kanzeln.

Taufe und Exorzismus

Die Taufe wird in der Confessio Augustana (Augsburger Konfession 1530) in Artikel 9 als heilsnotwendig bezeichnet.

So waren Kindstaufen essentieller Bestandteil der Pfarramtsausübung und für Paul Gerhardt zugleich ein wichtiger Markstein seiner inneren Überzeugungen. Wie zahlreiche Kinder von Gemeindegliedern taufte er auch vier seiner eigenen fünf Kinder in der St. Nikolai-Kirche zu Berlin am bis heute erhaltenen Taufbecken. (Die erste Tochter wurde vom Schwager daselbst getauft.)

Umstritten war innerhalb der evangelischen Kirchen die Frage, ob zur Vorbereitung auf den eigentlichen Taufakt eine sogenannte »abrenuntiatio diaboli«, die Absage an den Teufel bzw. die Austreibung des Bösen (Taufexorzismus), konstitutiv sei. Diese Lehrfrage war bereits innerhalb des Luthertums umstritten. So war Paul Gerhardts Großvater mütterlicherseits, Caspar Starcke (gest. 1595), als Superintendent von Eilenburg zeitweise des Amtes enthoben worden, weil er die Taufe nicht ohne Taufexorzismus vollziehen wollte.

Gedächtnisbild für Johann von Kötteritz und seine Ehefrau Caritas, geb. Distelmeyer, siehe Tafel 2 vorne, Ausschnitt mit Taufszene in der Berliner Nikolaikirche

In der lutherischen Kirche wurde der Taufexorzismus teilweise weiter praktiziert, während die Reformierten dies prinzipiell ablehnten. So griff der Kurfürst vermittelnd ein. Im Edikt vom 16. September 1664 ordnete er an, dass, wenn jemand sein Kind ohne Exorzismus taufen lassen wollte, »der desfalls angesprochene Prediger ohne

Erwartung ferneren Befehls die Taufe also verrichten solle«. Die Entscheidung sollte also dem überlassen werden, der für sein Kind die Taufe begehrt. Gerhardt selbst verteidigte die Notwendigkeit des Exorzismus.

Berliner Nikolaikirche, Taufbecken, 1563, Zinnblech auf Holzkorpus mit farbig gefassten Bildreliefs, mit Taufgehege, Blickrichtung nach Osten

Unter Zuhilfenahme des Kötteritz'schen Gedächtnisbildes (siehe Tafel 2 vorne) wurde das Taufbecken restauriert und in Teilen rekonstruiert, das Taufgehege wurde vollständig neu geschöpft.

Abendmahl

Namentlich wegen der unüberbrückbaren Differenzen in der Auffassung vom Abendmahl ließ sich aus Sicht der Lutheraner ein Konsens mit den Reformierten nicht finden. Während die Lutheraner die Realpräsenz Christi in Brot und Wein betonten, verstanden die Calvinisten die Gegenwart Christi symbolisch. Schon das Marburger Religionsgespräch zwischen Luther und dem Züricher Reformator Zwingli im Oktober 1529 war an dieser Frage gescheitert.

In Luthers *Kleinem Katechismus* (1529) lautet die Antwort auf die Frage »Was ist das Sakrament des Altars?«: »Es ist der wahre Leib und Blut unsers Herrn Jesus Christus, unter dem Brot und Wein uns Christen zu essen und zu trinken von Christus selbst eingesetzt.«

In Artikel 10 der *Confessio Augustana* (1530) wird ausgeführt: »Vom Abendmahl des Herrn wird so gelehrt, dass der wahre Leib und das wahre Blut Christi wirklich unter der Gestalt des Brotes und Weines im Abendmahl gegenwärtig ist und dort ausgeteilt und empfangen wird. Deshalb wird auch die Gegenlehre verworfen.«

Dagegen heißt es im *Heidelberger Katechismus*, der zentralen reformierten Bekenntnisschrift von 1563:

> »Erstlich, daß sein Leib so gewiß für mich am Kreuz geopfert und gebrochen und sein Blut für mich vergossen ist, so gewiß ich mit Augen sehe, daß das Brot des Herrn mir gebrochen und der Kelch mir mitgeteilet wird; und zum andern, daß er selbst meine Seele mit seinem gekreuzigten Leib und vergossenen Blut so gewiß zum ewigen Leben speist und tränkt, als ich aus der Hand des Dieners empfange und leiblich genieße das Brot und den Kelch des Herrn, welche mir als gewisse Wahrzeichen des Leibes und Blutes gegeben werden.«

Zitat aus: Evangelisches Gesangbuch, Berlin 1993, Nr. 807, Frage 75

Unbekannter Künstler: Kreuzigung Christi, Epitaph für den kurfürstlichen Kanzler Lampert Distelmeyer und seine Familie, um 1588, Holztafelbild

Das Bildprogramm ist von der Ausrichtung des evangelischen Glaubens auf Christus bestimmt. Der Abendmahlskelch, in dem ein Engel das Blut aus der Seitenwunde Jesu auffängt (siehe Detail), markiert eine explizit lutherische Haltung.

Toleranzedikte 1662 und 1664

Beim ersten Toleranzedikt vom 2. Juni 1662 bezog sich Kurfürst Friedrich Wilhelm auf die ersten christlichen Kaiser als Vorbilder beim Umgang mit Meinungsverschiedenheiten: »[…] durch christliche Concilia, oder andere friedliche Mittel zu schlichten oder doch zum wenigsten die Dissentierenden bei ungleichen Meinungen zur christlichen Toleranz und Bescheidenheit anzuhalten, damit die Wahrheit in Frieden gesuchet und gefunden würde […]«. Das Edikt gebot, »des unseligen Verdammens, Verketzerns, Benennung und Verhöhnung der Personen oder Kirchenlehrer, höhnischer Verstellung der Lehren oder Verkehrung derselben sich [zu] enthalten und sich also [zu] bezeigen, dass sie neben der Wahrheit auch den Frieden suchen […]«.

Bei diesem Edikt wird erstmals in kirchenpolitischem Zusammenhang das Wort »Toleranz« im heutigen Sinn für respektvollen Umgang mit Andersdenkenden gebraucht – entgegen der weitverbreiteten Annahme, dass dies im sogenannten »Edikt von Potsdam« (1685) erstmals der Fall gewesen sei, welches den Hugenotten Zuzug ins Brandenburgische gewährte (fälschlich mitunter als »Brandenburger Toleranzedikt« bezeichnet). Allerdings wird hier, 1662, auch klar formuliert, was im Fall der Nichtbefolgung zu tun wäre: Wessen Gewissen »zu enge gespannt« werde, der könne außer Landes gehen.

Intention des Kurfürsten war ein Bündnis beider reformatorischer Glaubensrichtungen als Einheitsfront gegen die katholische Liga. Er bezeichnete »die evangelisch-reformierte Religion« allerdings als die »wahre« und gab der Hoffnung Ausdruck, dass sich zukünftig alle seine Untertanen dieser zuwenden würden. Solches Machtstreben bewirkte jedoch unter den Lutheranern großes Misstrauen und führte zur Verweigerungshaltung gegen die Anordnungen.

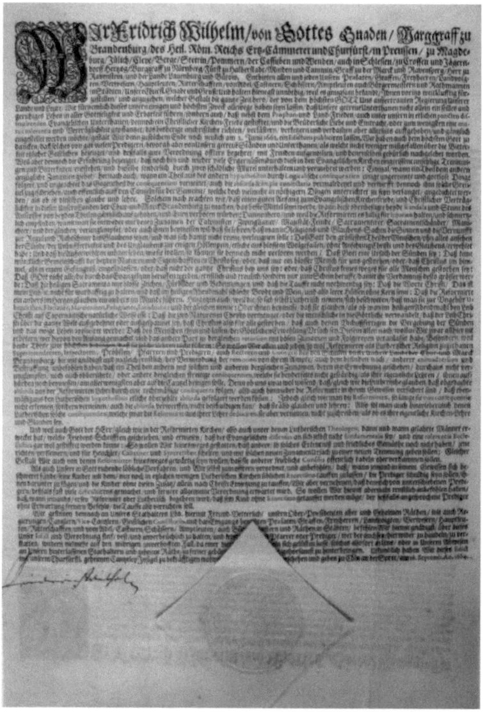

Zweites Toleranzedikt des Kurfürsten Friedrich Wilhelm von Brandenburg vom 16. September 1664

Nach dem Scheitern der Berliner Religionsgespräche erließ Friedrich Wilhelm am 16. September 1664 das zweite Toleranzedikt. Es regelte nun streng die Beziehungen zwischen lutherischer und reformierter Konfession. Darin sollte ein »christlicher Kirchen-Friede gestiftet [...], oder zum wenigsten eine mutua [gegenseitige] tolerantia und Verträglichkeit« erreicht werden – »tolerantia Ecclesiastica«. Sämtliche Prediger hatten sich durch Unterzeichnung von Reversen (Einverständniserklärungen) zu verpflichten, das Toleranzedikt zu befolgen. Die Verweigerung des Gehorsams war »keinem einzigen Pfarrer oder Prediger, wer der auch sei« gestattet; andernfalls würde die »remotion«, also die Amtsenthebung erfolgen.

Berliner Kirchenstreit III – Konsequenzen

Die restriktiven Maßnahmen des Kurfürsten brachten die brandenburgischen Geistlichen in »Gewissens-Skrupel«. Mit der Bitte um Unterstützung wandten sie sich an die lutherischen theologischen Fakultäten in Helmstedt, Jena, Leipzig und Wittenberg und an die Ministerien in Hamburg und Nürnberg. Außer den Voten aus Nürnberg und Helmstedt fielen die Empfehlungen betreffs Anerkennung des Edikts negativ aus.

Viele Geistliche im Land Brandenburg unterwarfen sich allerdings dem kurfürstlichen Erlass, oft aus Angst. Die Pfarrer der Berliner Nikolai- und der Marienkirche jedoch verweigerten ihre Unterschrift. Um zur Abschreckung ein Exempel zu statuieren, vollzog der Kurfürst im April 1665 zunächst Amtsentlassungen bei zwei Kollegen Paul Gerhardts an St. Nikolai – Propst Georg Lilius und Prediger Elias Sigismund Reinhardt als vermeintlichen Rädelsführern und Anstiftern. Sofort erfolgte Eingaben der Pfarrerskollegen und des Magistrats konnten den Kurfürsten nicht umstimmen.

Zahlreiche weitere standhafte Pfarrer im Herrschaftsgebiet verloren in der Folgezeit ihre kirchlichen Ämter und wurden des Landes verwiesen. Gleichwohl konnte sich der Kurfürst letztlich nicht gegen die starke Front der Lutheraner durchsetzen, sondern nur deren Einfluss abschwächen. Nach wiederholten Eingaben vonseiten der Stände verzichtete der Kurfürst seit dem 6. Juni 1667 auf die Ausstellung von Reversen, ferner war die Verteidigung der eigenen Religion auf der Kanzel nicht mehr verboten, lediglich das Verketzern und Verdammen der Anderslehrenden. 1668 ordnete Friedrich Wilhelm die Befolgung der Edikte allerdings auch im Beamtenapparat an sowie die Meldung aller, die dagegen verstießen, an Statthalter und Geheime Räte. Auch hier kam es zu Amtsenthebungen. Bei Stellenbesetzungen im Staatswesen wurden Reformierte weiterhin gegenüber Lutheranern deutlich bevorzugt.

Michael Conrad Hirt: Epitaph für Probst Georg Lilie, um 1666, in der Berliner Nikolaikirche

Paul Gerhardt im Berliner Kirchenstreit

Die tiefe Prägung Gerhardts durch die lutherische Kirche, in der er geboren, erzogen und zum Pfarrer ausgebildet worden war und die er mit Herz und Kopf verinnerlicht hatte, erklärt sein Verhalten innerhalb des Streits mit dem Kurfürsten Friedrich Wilhelm. Dem »Synkretismus« (Vermischung der reinen Lehre mit anderen Denkweisen) durfte seiner Meinung nach unter keinen Umständen Vorschub geleistet werden. Durch seine lebenslang gültige Verpflichtung auf die Konkordienformel bei der Ordination zum Pfarramt ergab sich für ihn ein großer Gewissenskonflikt.

An den vom Kurfürsten Friedrich Wilhelm angesetzten Religionsgesprächen nahm Gerhardt als profilierter Theologe teil. In einem schriftlichen Votum (19. Mai 1663) bezog er klar Position: »[…] dass unter den Reformierten Christen seien, gebe ich gern zu, aber dass die Reformierten quatenus tales [als solche] Christen, und also meine Mitbrüder […] seien, hoc est quod nego [das ist es, was ich verneine].« Ebenso unterschrieb er nach dem zweiten Toleranzedikt (1664) die Eingabe der lutherischen Geistlichen an den Kurfürsten mit der Bitte, die Brandenburger Lutheraner nicht von der gesamten lutherischen Kirche zu trennen.

Der Kurfürst ließ Paul Gerhardt am 31. Januar 1666 durch das Konsistorium auffordern, den Revers zu unterzeichnen, was dieser ablehnte. Demzufolge wurde er am 13. Februar als Pfarrer an St. Nikolai entlassen. Eine Vielzahl von Eingaben der Berliner Bürger und Gewerke, die der Magistrat an den Kurfürsten weiterleitete, sowie ein Votum der märkischen Landstände bewirkten Gerhardts Begnadigung und die erneute Einsetzung ins Amt durch den Regenten am 9. Januar 1667. Die Unterschrift wurde ihm erlassen – womit ihm der Kurfürst eine goldene Brücke baute –, jedoch die Auflage erteilt, seine Amtstätigkeit weiter wie bisher friedlich auszuüben. Daraufhin brachte Paul Ger-

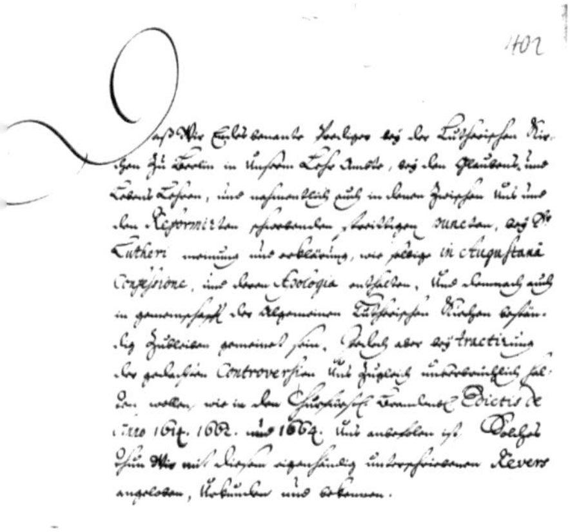

Eine der umlaufenden Revers-Fassungen (1665) lautet: »Daß Wir Endesbenante Prediger bey der Lutherischen Kirchen Zu Berlin in Unsrem Lehr Ambte, bey den Glaubens- und Lebens Lehren, und nahmentlich auch in denen Zwischen Uns und den Reformirten schwebenden streittigen puncten, bey Dr. Lutheri meinung und erklärung, wie selbige in Augustana Confessione, und deren Apologia enthalten, Und demnach auch in gemeinschafft der Algemeinen Lutherischen Kirchen beständig Zubleiben gemeinet sein. Jedoch aber bey tractirung der gedachten Controversien Uns Zugleich unverbrüchlich halten wollen, wie in den Churfürstl. Brandenb. Edictis de Anno 1614. 1662. und 1664. Uns anbefolen ist, Solches thun Wir mit diesem eigenhändig unterschriebenen Revers angeloben, Urkunden und bekennen.«

hardt gegenüber dem Rat der Stadt abermals seine Gewissensbedenken vor und verzichtete auf die Amtsausübung. Am 4. Februar 1667 bekräftigte der Kurfürst, dass Gerhardt die Konsequenzen seiner Haltung zu tragen habe.

Der Berliner Magistrat hoffte anfangs noch auf Gerhardts Einlenken und zögerte mit der Berufung eines Nachfolgers. So konnte die Stadt Berlin bis zur Wiederbesetzung der Stelle am 15. August 1668 durch Johann Ernst Schrader ihm wohl Bezüge für das ruhende Diakonat zahlen und weiter Wohnrecht einräumen. Der Kurfürst ließ die Stadt gewähren und verzichtete auf Gerhardts Ausweisung. Ein schon im Frühjahr 1666 offeriertes Stellenangebot als Hausgeistlicher bei der (verwitweten) lutherischen Gräfin Maria Magdalena im reformierten Lippe wies Gerhardt zurück: »Ich werde noch ein wenig hier auswarten, nachdem mein Gnädigster Kurfürst und Herr mich noch so gnädiglich in Seinem Lande und Residenz duldet.« Letztlich blieb aber doch nur der dann 1669 eingeschlagene Weg ins nicht-brandenburgische Ausland.

Berliner Bürger – Magistrat von Berlin – Märkische Landstände

Die Betroffenheit über die Absetzung Paul Gerhardts war in seinem Umfeld sehr groß, da dieser »fromme, ehrliche und in vielen Landen berühmte Mann« offensichtlich besonders geachtet und beliebt war. Die vom Kurfürsten gebrandmarkte Kanzelpolemik betrieb der Dichterpfarrer nach dem Zeugnis seiner Gemeinde nicht: »[...] dass dieser Mann nimmermehr wider Sr. Durchlaucht Glauben oder Dero Genossen geredet, geschweige geschmähet hätte, sondern er hat alle und jede Zeit zum wahren Christentum durch Leben und Lehre geführt und keine Seele mit Worten oder Werken angegriffen« (Schreiben der Bürgerschaft und Gewerke vom 13. Februar 1666).

Die Eingaben vonseiten der Berliner Bürgerschaft, des Magistrats und der Gewerke an den Kurfürsten für ein Verbleiben Gerhardts im Amt sind zahlreich und erstrecken sich über einen längeren Zeitraum. Das belegt die besonders hohe Wertschätzung Gerhardts als Seelsorger. Seine Leistung und Reputation als Liederdichter spielt hier bei den Berlinern keine Rolle.

Auch die vom Adel bestellten Vertretungskörperschaften, die märkischen Landstände, versuchten, dem durch den Kurfürsten forcierten politischen Kurs – Bildung eines zentralistischen modernen Staates – in ihren Territorien entgegenzuwirken. Sie wollten ihre überkommenen Rechte und ihre Mitwirkung in der Regierung verteidigen. Ihr Luthertum diente wie von selbst der Profilierung gegen den Absolutismus des reformierten Herrschers. Da sich Gerhardt mit seinen geistlichen Liedern auch außerhalb Berlins Ansehen erworben hatte, intervenierten die Stände ebenfalls gegen Gerhardts Entlassung.

Andreas Ludwig Krüger nach Johann Stridbeck: Die Spandauer Straße in Berlin. Das Berlinische Rathaus, 1690/1795, Federzeichnung

Der Kirchenstreit in Gerhardts Liedern

Gerhardts lutherisch-orthodoxe Glaubensauffassung prägte auch seine Liedtexte. Aber nur zuweilen klingen die damals zwischen Reformierten und Lutheranern bestehenden Kontroverspunkte an. Einer der Hauptpunkte, das Abendmahlsverständnis, wird nur in einem einzigen Lied dichterisch umgesetzt (*Herr Jesu, meine Liebe*, Strophen 3 und 4), das erstmals 1667 in Ebelings Werkausgabe abgedruckt ist:

Solch Unheil abzuweisen,
Hast du, Herr,
deinen Tisch gesetzt,
Da lässest du mich speisen,
So dass sich Mark und
Bein ergötzt.
Du reichst mir zu genießen
Dein teures Fleisch und Blut
Und lässest Worte fließen,
Da all mein Herz auf ruht.
Komm, sprichst du,
komm und nahe
Dich ungescheut zu mir,
Was ich dir geb, empfahe
Und nimms getrost zu dir.

Hier ist beim Brot vorhanden
Mein Leib, der dargegeben wird
Zum Tod – und Kreuzesbanden
Für dich, der sich von mir verirrt.
Beim Wein ist, was geflossen
Zur Tilgung deiner Schuld,
Mein Blut, dass ich vergossen
In Sanftmut und Geduld.
Nimms beides mit dem Munde
Und denk auch mit dabei,
Wie fromm im Herzensgrunde
Ich, dein Erlöser, sei.

In der letzten Lieferung der Werkausgabe 1667 erscheint zusammen mit diesem Lied auch das einzige Tauflied Gerhardts *Du Volk, das du getaufet bist* mit wiederholter expliziter Benennung der Gefangenschaft unter dem »Satan«, wovon die Taufe befreit.

Die Bewahrung vor den Feinden des Glaubens ist oft in Psalmen Thema, die Gerhardt in Lieder übertragen hat. Ob er dabei auch konkrete Erfahrungen im Kirchenstreit einträgt, muss offenbleiben. Im ebenfalls 1667 erstmals publizierten Lied zu einem Dankgebet aus Jesus Sirach 51 (*Ich danke dir mit Freuden,* Strophe 2) dichtet er:

Du hast in harten Zeiten
Mir diese Gnad erteilt,
Dass meiner Feinde Streiten
Mein Leben nicht ereilt,
Wenn sie an hohen Orten
Mich, der ichs nicht gedacht,
Mit bösen falschen Worten
Sehr übel angebracht.

Womöglich lag der Anlass für diese Dichtung in Gerhardts damaliger Lebenssituation. Entscheidend bleibt aber der Duktus als »Dank-Gebetlein« an Gott.

WERK

Das Werk Paul Gerhardts

Paul Gerhardts poetisches Schaffen umfasst (inklusive der Gelegenheitsdichtungen) 140 deutsche Gedichte. Davon haben etwa 40 bis 60 Texte als Kirchenlieder nachhaltige Bedeutung erlangt. Im Vergleich mit zeitgenössischen Dichtergrößen basiert Gerhardts bleibende und weltweite Geltung auf einem relativ kleinen Werkbestand.

Die geistlichen Gedichte haben in verschiedenen Vertonungen konfessionsübergreifend Eingang in evangelische (lutherische, reformierte, freikirchliche) wie auch in katholische Kirchengesangbücher gefunden. Durch Übersetzungen in viele Sprachen sind sie weltweit in der Christenheit präsent. So gehören sie zu den Ressourcen der abendländisch geprägten Kultur und sind ins allgemeine Gedächtnis übergegangen.

Sonstige Texte von der Hand Gerhardts sind nur wenige überliefert. Hierbei handelt es sich

a) um eigenhändige amtliche Eintragungen in Kirchen- und Rechnungsbüchern, Stellungnahmen, Aktenstücke, persönliche Schreiben im Zusammenhang mit den Pfarramtsberufungen, den Auseinandersetzungen in Berlin sowie dem Wirken in Lübben;
b) um vier gedruckte Leichenpredigten aus seiner Zeit als Pfarrer. Erhalten sind Predigten auf den Amtsschreiber Joachim Schröder aus Zossen (1655) und zum Tod der Berliner Persönlichkeiten Nicolaus Wernicke (1659), Registrator beim Geheimen Staatsarchiv, Friedrich Ludwig Zarlang (1660), Sohn des Bürgermeisters Michael Zarlang, sowie der Bürgermeistersgattin Anna Flöring (1661);
c) um einige handschriftlich überlieferte paraphrasierte Bibellektionen und Gebete aus der Lübbener Zeit.
d) Private Schriften Gerhardts sind die als *Testament* bezeichneten Lebensregeln für den Sohn sowie Gelegenheitsdichtung im Kontext

von Freundschaften oder gesellschaftlichen Beziehungen: 18 lateinische sowie 16 deutsche Gedenk-, Gratulations- und Widmungsgedichte, bestimmten Personen zugedacht, sind bekannt.

Zum Jubiläumsjahr 2026 wird in Hamburg eine von der Deutschen Forschungsgemeinschaft geförderte, komplette kritische Werkausgabe erarbeitet, die auch im »open access« zugänglich sein wird.

PAULI GERHARDI
Geistreiche
Hauß- und Kirchen
Lieder
Nach des seel. Autoris
eigenhändigen
revidirten Exemplar
mit Fleiß übersehen
Auch samt einem kurtzen
doch
Nöthigen Vorbericht
Ausgefertiget
von
Joh. Heinrich Feustking/D.
Damahls Hoch-Fürstl. Consistorial-Rath
Hof-Predigern, Beicht-Vater und
Superintendenten des Fürstenthums
Anhalt-Zerbst.
Jetzo von neuen aufgeleget.
WITTENBERG
Bey Gottfried Zimmermann
1717.

Johann Heinrich Feustking: Pauli Gerhardi/Geistreiche/Hauß- und Kirchen/Lieder/Nach des seel. Autoris/eigenhändigen/revidirten Exemplar/Mit Fleiß übersehen/Auch samt einem kurzen/doch/Nöthigen Vorbericht/Ausgefertigt/von/Joh. Heinrich Feußtking/ D./Damahls Hoch-Fürstl. Consistorial-Rath/Hof-Predigern, Beicht-Vater und/Superintendenten des Fürstenthums/Anhalt-Zerbst./Mit Kön. Poln. Und Chur-Fürstl./Sächß. Privilegio./Wittenberg/Bey Gottfried Zimmermann/1717, Titelblatt

Barockdichter – zeitlose Faszination

Als Dichter geistlicher Lieder nimmt Paul Gerhardt eine Spitzenposition ein. In seiner Dichtung verbindet sich hohe theologische Reflexion mit fester Glaubensgewissheit. In der vorherrschenden *Ich*-Rede spiegelt sich weniger subjektives Empfinden, vielmehr wird in der Stilisierung als lyrisches *Ich* die den Gläubigen gemeinsame Bereitschaft zum Bekennen und Bewahren des Glaubens in aller Vielschichtigkeit ausgedrückt. Die Lieder eröffnen Trost und christliche Zuversicht in schwerer Zeit und persönlicher Bedrängnis, artikulieren aber auch die Freude des Glaubens im Feiern des Kirchenjahres wie im Erleben von Tages- wie Jahreszyklus.

Gerhardts gut fassliche Dichtkunst kennzeichnet eine durchaus gewählte, oft bibelwortnahe, stets wohlklingende Sprache im Verbund mit mühelos beherrschter Form. Vermittelt wohl durch seinen Wittenberger Professor August Buchner, folgte Gerhardt den Vorgaben, die der Barockdichter Martin Opitz (1597–1639) mit seinem Hauptwerk *Buch von der Deutschen Poeterey* (1624) als Grundlage für die breite Kultur des Dichtens im Barock entfaltet hatte. Opitz hatte Regeln und Grundsätze für eine eigenständige hochdeutsche Dichtkunst vorgestellt, welche sich, abweichend vom antiken Versmaß, in ihrer Metrik am deutschen Sprachfluss orientiert. Den alsbald florierenden Dichtergesellschaften als mehr oder weniger elitären Zirkeln hielt sich Paul Gerhardt allerdings fern. Nach seinem Tod ist denn auch kein einziges »Epicedium« (Trauergedicht) aus der Feder eines Dichterkollegen nachweisbar.

Die neuen Maßstäbe setzte Gerhardt in seiner Dichtkunst souverän und durchaus ambitioniert um. Auch im Gegenüber zum gleichaltrigen norddeutschen Liederdichter Johann Rist (1607–1667) mit deutlich größerem Werkbestand und hoher zeitgenössischer Reputation wird man Gerhardts Lieddichtung als Höhepunkt der deutschen geistlichen Barocklyrik bezeichnen können.

Gerhardts Liedkorpus hat sich als zeitübergreifend wirksam erwiesen. Bis in die Gegenwart hinein inspirierte es die deutsche Sprache und Literatur, etwa bei Eduard Zeller (1814–1908), Thomas Mann (1875–1955), Hermann Hesse (1877–1962), Ernst Jünger (1895–1998), Robert Gernhardt (1937–2006), Günter Grass (1927–2015), Eva Zeller (1923–2022) und Sibylle Lewitscharoff (1954–2023).

Fürst Ludwig Anhalt von Köthen: Der Fruchtbringenden Gesellschaft Nahmen, Vorhaben, Gemählde und Wörter, Frankfurt am Mayn, Merian, 1646, Kupferstich, koloriert. Palmenimprese der Fruchtbringenden Gesellschaft

Textprofile

Bei den »intermedialen« Kunstformen des 17. Jahrhunderts gelangte eine spezielle Bildsprache zu ihrer Hochform, die Emblematik. Bildliche Darstellungen sind hier verbunden mit erläuternden kurzen Textpassagen. Solch enge Bild-Text-Verbindung zeigen oft auch Gerhardts Lieder. Metaphorische, bildhaft anschauliche Textabschnitte und dies geistlich deutende wie weiterführende Passagen stehen in direktem Zusammenhang.

In den allermeisten Gerhardt-Liedern spricht ein stilisiertes *Ich*, komplementär dazu steht oft direkte *Du*-Anrede (z. B. *Befiehl du deine Wege*) in seelsorgerlichem Zuspruch. So erleben sich Menschen in ihrer Frömmigkeitspraxis angesprochen und können sprachliche Wendungen für ihre Beziehung zu Gott entdecken. Das *Ich* der Lieder artikuliert aber nicht das subjektive Empfinden Gerhardts, sondern ist durch biblische Sprachformen motiviert und mit theologischer Reflexion angereichert. Im *Herz*, bei weitem das häufigste Wort in Gerhardts Liedern, hat der gläubige Mensch das Zentrum seines affektiven Erlebens und Empfindens. Im *Herz* entscheidet er sich zur Glaubensnachfolge, häufig eingeleitet mit *Ich will* (vgl. EG 503,12).

Weit über die Hälfte von Gerhardts Texten gehen auf Vorlagen zurück. So gibt es allein 27 Nachdichtungen von Psalmen (z. B. Psalm 146 – *Du, meine Seele, singe*), weitere in Anlehnung an biblische Prosa (z. B. Römer 8 – *Ist Gott für mich, so trete gleich alles wieder mich*), von Erzählungen der Evangelien in den Liedern zum Kirchenjahr, von lateinischen Gesängen des Mittelalters (*O Haupt voll Blut und Wunden*) sowie von Gebeten im *Paradiesgärtlein* von Johann Arndt (1612). Stark sprachprägend ist Luthers Bibelübersetzung. Nicht nur zentrale Worte stammen aus der Lutherbibel, auch die Sensibilität Gerhardts für Sprachklang und Rhythmus ist beim Reformator vorgebildet. Gerhardt

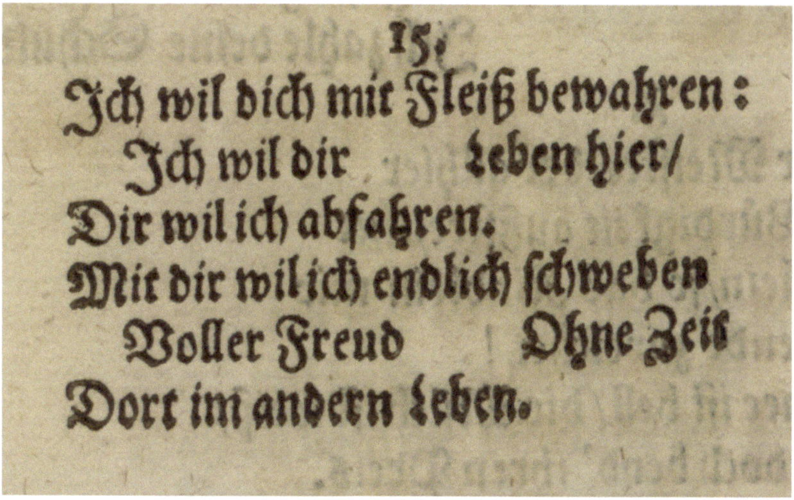

15.
Ich wil dich mit Fleiß bewahren:
Ich wil dir leben hier/
Dir wil ich abfahren.
Mit dir wil ich endlich schweben
Voller Freud Ohne Zeit
Dort im andern Leben.

Schlussstrophe von »Fröhlich soll mein Herze springen« mit Darstellung der besonderen Strophenform, in: Johann Georg Ebeling: Geistliche Andachten. 5. Dutzend, Runge, Berlin 1667

folgt prinzipiell der Vorgabe von Martin Opitz, dass natürlicher Wortakzent und metrischer Akzent zusammenfallen sollen. Abweichungen sind gezielt gesetzt als Akzentuierungen, z. B. die betonte Erstsilbe beim eigentlich jambischen *Lobet den Herren* (EG 447).

Strophenform und Versmaß hat Gerhardt vielfältig variiert. In seinen 140 Gedichten gibt es 56 verschiedene Strophenformen, davon zehn neugeschaffene, die bis dahin in keinem deutschsprachigen Gedicht zu finden sind (z. B. *Fröhlich soll mein Herze springen / Auf auf, mein Herz, mit Freuden / Die güldne Sonne voll Freud und Wonne*). Die zeittypisch meist große Anzahl von Strophen ist Folge der reflexiv detaillierten Entfaltung der Inhalte und empfiehlt die Gedichte auch als Lesetexte für die persönliche Meditation.

Textinhalte

Die Inhalte seiner Lieder hat Gerhardt offensichtlich nicht primär danach ausgerichtet, was im offiziellen kirchlichen Leben Bedarf ist oder was ein bestimmtes Gesangbuch für Lieder braucht. Es geht ihm um die »praxis pietatis« (Frömmigkeitspraxis) der Gläubigen mit all ihren Herausforderungen, im Alltag wie im Festzyklus des Kirchenjahres, in Zeiten der Bedrängnis wie in Zeiten der Freude. Auch spezielle Situationen im Privaten wie Allgemeinen werden bedacht: Gesundheit,

Gewitter mit darauffolgender meteor- oder kometenartiger Erscheinung, wahrgenommen den 10. Juli 1687 zu Essek, 1687, Einblattdruck, Kupferstich mit Typendruck. Aus: Wilhelm Hess, Himmels- und Naturerscheinungen in Einblattdrucken des XV. bis XVIII. Jh., Leipzig 1911

Abreise und Heimkehr, Bitte um Regen, Kometenerscheinung, Friedensschluss. Zahlreiche Lieder sind Anleitung zur »Lebenskunst«, wie man heute sagen würde, um das Leben so zu bewältigen, wie es Gottes Wohlgefallen an den Menschen entspricht.

In den Gesangbüchern wurden all die Lieder, die nicht bestimmten Kirchenjahres- oder Tageszeiten zuzuordnen sind, dann immer wieder anderen Rubriken zugeordnet.

Warum sollt ich mich denn grämen (EG 370), von Gerhardt *Christliches Freudenlied* überschrieben, war in Crügers Gesangbuch der Großrubrik »Vom Christlichen Leben und Wandel« zugeordnet; bei Ebeling erscheint es zusammen mit dem *Christlichen Trost- und Freudenlied* (EG 351) *Ist Gott für mich, so trete;* in späteren Gesangbüchern (wie dem EKG der 1950er-Jahre) wird es meist zu den »Kreuz und Trost«-Liedern gerechnet; im EG zählt es zu »Angst und Vertrauen«.

Grundtenor bei allen Liedern ist, dass die von Gottes Gnade beschenkten und in seiner Fürsorge bewahrten Menschen *getrost* und *unverzagt* durchs Leben gehen können und stets Anlass haben zu *singen*, Gott zu *danken* und ihn zu *loben*. Signifikant sind die Liedanfänge der bis heute gern verwendeten Kirchenlieder *Ich singe dir mit Herz und Mund* (EG 324) und *Du meine Seele, singe* (EG 302). Dabei vorausgesetzt ist, dass das irdische Leben mit all seiner Bedrängnis verstanden wird als Durchgang zum ewigen unbeschwerten Leben bei Gott im Himmel.

... das, was mich singend machet, ist, was im Himmel ist. (EG 351,13)

Diesen alles Irdische stets überschreitenden Horizont christlichen Lebens trägt Gerhardt in fast allen Liedern in unzähligen sprachlichen und bildlichen Varianten ein, besonders exponiert beim beliebten »Sommerlied« *Geh aus, mein Herz, und suche Freud* (EG 503) in der zweiten Liedhälfte.

Paul Gerhardts Gedichte als Lieder

Geistliche Barocklyrik wurde häufig zusammen mit Vertonungen veröffentlicht. Prominente Dichter engagierten für ihre Editionen namhafte Komponisten, um die Gedichte als Lieder ausführbar zu machen. Die Barocksprache kann in ihrem Affektreichtum gerade im Singen zum Zuge kommen, wo Freude wie Klage expressiv artikuliert werden können. Seit etwa 1600 hat sich in Europa mehr und mehr die »Monodie« durchgesetzt – ausdrucksstarker Sologesang mit harmonischer Begleitung durch Tasten- oder Zupfinstrumente. Dies wird zur Grundform auch für geistliche Lieder, die nun abgedruckt werden mit »Cantus« (Melodie) und »Basso« (Instrumentalbass mit Harmonieziffern, genannt Generalbass oder Basso continuo).

(1.)
rster Theil dieses Büchleins/
In welchem verfasset
ägliche Morgen- Abend- und
Bußgesänge:
Item
Von der Rechtfertigung.
Tägliche Morgengesänge.
1.
Wach auff mein Hertz/ und
Wach auf / mein hertz/ und singe
Dem Schöpffer aller dinge/
Dem gäber aller güter/ Dem
rommen menschenhüter.
2. Heint als die dunckle schatten Mich
gantz umbgäben hattë/ Hat satan mein
egehret / Gott aber hats gewehret.
3. Ja Vater/ als er suchte/ Daß er
mich fressen muchte/ War ich in deinem
chosse/ Dein flügel mich beschlosse.
4. Du sprachst/mein kind nu lige/ Trotz
em/der dich betrige/ Schlaf wol/laß dir
nicht

»Wach auf, mein Herz, und singe« (Sopran und Generalbass), in: PRAXIS PIETATIS MELICA, 5. Edition, Johann Crüger, Christoph Runge, Berlin 1653

Diese Elementarform des Musizierens kann jeder und jede als »Hausmusik« zur persönlichen Andacht praktizieren, sofern eine Laute oder ein Cembalo zur Verfügung steht, womit man sich selbst (oder andere) beim Singen begleitet. Sie ist aber auch Basis kirchlichen Musizierens mit Orgel und weiteren Instrumenten. Erst diese Satzform ermöglicht Gemeindegesang mit Orgelbegleitung, was im Laufe des 17. Jahrhunderts an einzelnen Orten üblich wird.

Bei Gerhardts Gedichten ist der Impuls zur Publikation offensichtlich vom Musiker Johann Crüger ausgegangen. Er hat sie als Lieder in die Welt gebracht. Gleichwohl sind sie stets auch Lesetexte zum »andächtigen« Meditieren des von Strophe zu Strophe stringent fortschreitenden Gedankengangs. Wie musikalisch Gerhardt war und ob er seine Texte auch selbst gesungen hat, wissen wir nicht. Entscheidend ist der vom *Herz* ausgehende, innerliche Vorgang: *Wach auf, mein Herz, und singe* (EG 446). Allerdings wäre es widersinnig, so viel vom *Singen* zu reden und das nicht auch selber zu praktizieren. Zumindest ist davon auszugehen, dass Gerhardt bei Übernahme einer bestimmten Strophenform auch die damit verknüpfte Melodie im Ohr hatte, wenn er dichtete. Einige seiner Lieder nutzen etwa die besondere Form von Luthers *Ein feste Burg ist unser Gott.* Oder das schon 1647 publizierte *Ein Lämmlein geht und trägt die Schuld* (EG 83) hat die spezielle zehnzeilige Strophenform des Straßburger Psalmlieds *An Wasserflüssen Babylon* aus dem Jahr 1525.

Nur ein kleiner Teil der Gerhardt-Lieder ist mit für sie neu geschaffenen Melodien bekannt und beliebt geworden. Zahlreiche seiner Liedtexte haben im Lauf der Zeit die Melodie gewechselt, besonders häufig *Geh aus, mein Herz, und suche Freud,* aber auch *Befiehl du deine Wege* oder *Wie soll ich dich empfangen.*

Kantor Johann Crüger

Johann Crüger, gebürtig 1598 aus einem (wendischen) Ort nahe Guben (Niederlausitz), studierte nach einer mehrjährigen musikalischen Studienreise ab 1620 Theologie in Wittenberg. Im Jahr 1622 wurde er 24-jährig nach Berlin berufen in die renommierte Position des Musiklehrers am Gymnasium Zum Grauen Kloster, verbunden mit dem Kantorat an St. Nikolai. Dieses prominenteste Kirchenmusikeramt Berlins versah er 40 Jahre lang bis zu seinem Tod 1662.

Crüger komponierte zahlreiche größere Kirchenmusik-Werke und verfasste musiktheoretische und musikpädagogische Schriften. Im Jahr 1640, also noch in Kriegszeiten, editierte er erstmals ein lutherisches Gesangbuch unter dem Titel *Neues vollkömmliches Gesangbuch Augsburgischer Konfession*, wo zum ersten Mal Melodien mit Generalbass abgedruckt sind.

Paul Gerhardt und Johann Crüger müssen sich nach Gerhardts Ankunft in Berlin 1642/43 alsbald begegnet sein und schlossen offensichtlich Freundschaft. In künstlerischer Auffassung und lutherischer Frömmigkeit gingen Kantor und Theologe konform. Crüger erkannte Gerhardts dichterische Fähigkeiten und machte sich diese für seine Gesangbucheditionen gezielt zu Nutze. Ohne Crüger als »Abnehmer« hätte Gerhardt wohl weit weniger gedichtet. Diese Begegnung kann als großer Glücksfall für die Geschichte des Kirchenlieds bezeichnet werden.

Johann Crüger: PRAXIS PIETATIS MELICA [...], gedruckt bei Friderich Lorentz, Berlin 1736, Frontispiz-Doppelseite der 45. Edition

Zum ersten Mal publizierte Crüger 18 Gedichte von Gerhardt im 1647 mit neuem Titel und neuer Konzeption edierten Gesangbuch *PRAXIS PIETATIS MELICA* (PPM). In ziemlich kurzen Abständen folgten Neuauflagen, meist um neue Lieder erweitert. Einen großen Gerhardt-Schub brachte *EDITIO V* von 1653 mit nun 82 Liedtiteln. In der letzten von Crüger redigierten Auflage von 1661 waren es dann 90 bei insgesamt 550 Gesängen.

Von Johann Crüger gibt es zeitgenössische Abbildungen. Da die Tochter seiner (ersten) Frau aus deren erster Ehe mit dem Hofmaler Michael Conrad Hirt (1613–1671) verheiratet war, hat dieser unmittelbar nach dem Ableben Crügers ein repräsentatives Gemälde angefertigt, das heute in der zum Berliner Stadtmuseum gehörigen St. Nikolai-Kirche zu sehen ist.

Michael Conrad Hirt: Porträt Johann Crüger, 1663, Öl auf Leinwand

Johann Crügers Gesangbuch PRAXIS PIETATIS MELICA

Den lateinischen Namen seines 1647 neu konzipierten Gesangbuchs übersetzte Crüger im Untertitel mit *Übung der Gottseligkeit in christlichen und trostreichen Gesängen*. Stärker im Blick war jetzt also die täglich geforderte Übung (exercitio) in Frömmigkeit (praxis pietatis). Während das Gesangbuch von 1640 mit dem Kirchenjahr begonnen hatte, standen nun an erster Stelle die Lieder zu den Tagzeiten, gefolgt von »Tägliche Bußgesänge«. Gerhardts Morgenlied *Wach auf, mein Herz, und singe* (EG 446) war und blieb in allen Folgeauflagen die Startnummer.

Wie schon 1640 druckte Crüger die Melodien zusammen mit einer Bassstimme und Generalbassziffern ab (vgl. heute die Harmoniebezeichnungen für Gitarre). In separaten Editionen – *Geistliche Kirchen-Melodien* (1649) und *Geistliche Lieder und Psalmen* (1657) – arbeitete er vierstimmige Singsätze aus (vgl. *Lobet den Herren* EG 447), oft ergänzt um zwei virtuos geführte instrumentale Oberstimmen für Bläser (Zinken) oder Violinen. Diese vokal-instrumentale Satzform, eine Erfindung Crügers, bot die künstlerisch repräsentativen Liedfassungen für »die Musik« im öffentlichen Gottesdienst, bestritten von städtischen Musikern und den Knaben aus dem Gymnasium als Schülerchor. Trotz der prinzipiellen reformierten Vorbehalte gegenüber Instrumentalmusik im Gottesdienst beauftragte der Kurfürst Crüger mit einer analogen Einrichtung der Gesänge für den Hofgottesdienst, ediert als *PSALMODIA SACRA* in zwei Bänden 1657 und 1658.

Vielen Liedern Gerhardts wies Crüger zu ihrer Strophenform passende, gebräuchliche Melodien zu, was für deren Akzeptanz günstig war. Eigene Melodien waren nötig, wenn die Strophenform neu war (z. B. *Auf, auf, mein Herz, mit Freuden* [EG 112], *Fröhlich soll mein Herze springen* [EG 36]), oder sinnvoll, wenn eine bei Kirchenliedern häufig

Geistliche
Kirchen-Melodien/
Vber die von Herrn D. Luthero Sel. und anderen vornehmen und Gelehrten Leuten/ auffgesetzte Geist- und Trost-reiche
Gesänge und Psalmen/
Der Göttlichen Majestät zu Ehren/ und nützlichem Gebrauch seiner Christlichen Kirchen
In vier Vocal- und zwey Instrumental-Stimmen/ als Violinen oder Cornetten übersetzet
von
JOHANNE Crügern Gub: Lusato Directore der Music in Berlin ad D. N.
BASSUS CONTINUUS.
Cum Privilegio Serenis. Elector. Brandenburg.
Leipzig/
In Verlegung Daniel Reichels Buchhändlers in Berlin/
Gedruckt bey Timotheo Ritzschen/
Anno Christi M DC XLIX.

Johann Crüger: Geistliche Kirchenmelodien […], verlegt bei Daniel Reichel, Berlin; gedruckt bei Timotheus Ritzsch, Leipzig 1649

vorkommende Standardform vorlag wie die sogenannte Hildebrand-Strophe. So erhielt etwa das Adventlied *Wie soll ich dich empfangen* von Crüger eine eigene Melodie (s. EG 11) anstatt der verbreiteten Standardmelodie, die heute mit Gerhardts Passionslied *O Haupt, voll Blut und Wunden* (EG 85) verknüpft ist.

Auch Lieder anderer Dichter verdanken ihre Bekanntheit und Beliebtheit bis heute dem Gesangbuch Crügers und seinen Melodien, etwa *Nun danket alle Gott* (Martin Rinckart, EG 321) und *Jesu, meine Freude* (Johann Franck, EG 396). Im aktuellen Evangelischen Gesangbuch (EG) finden sich, je nach landeskirchlicher Ausgabe, mindestens 18 von Crügers eigenen Melodien oder Chorsätzen, darunter sieben zu Gerhardt-Liedern.

Das Konzept von Crügers Gesangbuch war so überzeugend, dass nach seinem Tod 1662 zahlreiche weitere Auflagen, nicht nur in Berlin, mit meist um neue Gesänge angereichertem Liedbestand bewerkstelligt wurden – bis zur *EDITIO XLV* (45) mit 1.316 Liedern, Berlin ca. 1737, also fast 100 Jahre nach der ersten Edition. Von der 12. Auflage 1666 bis zur 28. Auflage 1698 war als Herausgeber der Berliner Stadtmusiker Jacob Hintze (1622–1702) tätig. Er brachte 1690 auch eine Version mit vierstimmigen Vokalsätzen heraus. Von ihm stammt die Melodie im Gesangbuch zu *Gib dich zufrieden und sei stille* (EG 371).

Kantor Johann Georg Ebeling und die Gerhardt-Werkausgabe

Nach Crügers Tod 1662 wurde der aus Lüneburg stammende Johann Georg Ebeling im Alter von 25 Jahren sein Nachfolger im Kantorat an St. Nikolai. Von ihm sind neben seinen Gerhardt-Vertonungen nur wenige Kirchenmusik-Werke erhalten.

In Sachen Förderung der Dichtung Paul Gerhardts trat er voll in die Fußstapfen seines Vorgängers. Den entscheidenden Markstein stellt die von ihm bewerkstelligte erste Gesamtausgabe von Gerhardts Liedern dar. Die Edition mit dem einfachen Titel *Pauli Gerhardi Geistliche Andachten* erschien sukzessive in zehn aufwändig im Großformat angelegten Heften mit je zwölf Liedern (»Dutzend«). Die Datierung im Vorwort zum ersten Dutzend – 16. Februar 1666 – fällt wohl nicht zufällig genau in den Zeitraum von Gerhardts Amtsenthebung (13. Februar). Das letzte Heft ist auf den 12. Mai 1667 datiert. Offensichtlich war diese Edition als »Statement« konzipiert in den Auseinandersetzungen mit dem Kurfürsten. Bei jedem Heft würdigt Ebeling in einer eloquenten Vorrede eine

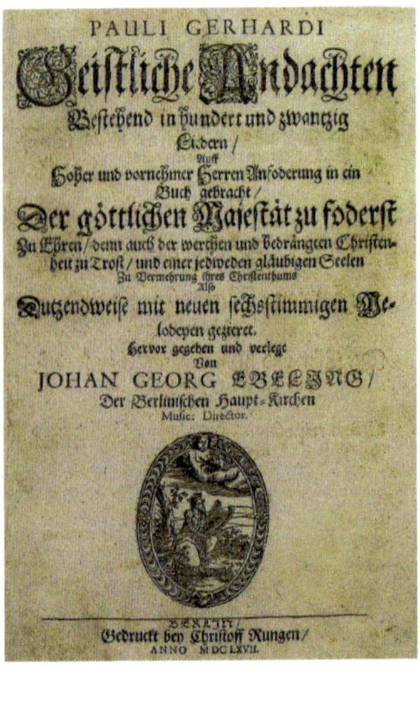
PAULI GERHARDI
Geistliche Andachten
Bestehend in hundert und zwanzig
Liedern/
Auff
Hoher und vornehmer Herren Anfoderung in ein
Buch gebracht/
Der göttlichen Majestät zu foderst
Zu Ehren/ denn auch der werthen und bedrängten Christenheit zu Trost/ und einer jedweden gläubigen Seelen
Zu Vermehrung ihres Christenthums
Also
Dutzendweise mit neuen sechsstimmigen Melodeyen gezieret.
Hervor gegeben und verlegt
Von
JOHAN GEORG EBELING/
Der Berlinischen Haupt-Kirchen
Music: Director.
BERLIN/
Gedruckt bey Christoff Rungen/
ANNO M DC LXVII.

Pauli Gerhardi/Geistliche Andachten/Bestehend in hundert und zwanzig/Liedern/Auff/Hoher und vornehmer Herren Anforderung in ein/Buch gebracht/Der göttlichen Majestät zu forderst/zu Ehren/denn auch der werthen und bedrängten Christen-/heit zu Trost/ und einer jedweden gläubigen Seelen/ Zu Vermehrung ihres Christenthums/ Also/ Dutzendweise mit neuen sechsstimmigen Me-/lodeyen gezieret./Hervor gegeben und verlegt/Von/Johan Georg Ebeling/ Der Berliner Haupt=Kirchen/Music: Director/Berlin/Gedruckt bey Christoff Rungen/Anno M DC LXVII, Titelblatt

bestimmte Adressatengruppe, etwa *die in Berlin und Cölln eingeborenen Frauen-Zimmer* (2. Dutzend), die *Herren Advokaten des Kurfürstl. Brandenb. Kammer-Gerichts* (3. Dutzend) oder die *Wohl-Edlen [...] Leib- und Hof-Medicis wie auch berühmte D. Medicinae* (6. Dutzend). Umfängliche Namensauflistungen dieser Sponsoren folgen – in Heft 2 und 4 sind es nur (besonders spendable) Frauen (!) –, ein »Who's who« der Berliner Gesellschaft, wie sie für Paul Gerhardt Stellung bezieht.

Von den 120 Liedtexten erhalten 112 neue Melodien von Ebeling. Damit übertrifft er Crüger als Melodist Paul Gerhardts bei weitem. Alle Lieder präsentiert er mit vier Vokalstimmen, in einem Extra-Heft sind nach dem Vorbild Crügers noch zwei Violin-Oberstimmen publiziert, und zwar für sämtliche Lieder. Ebelings Melodien haben sich allerdings nur in drei Fällen durchgesetzt: *Die güldne Sonne* (EG 447), *Du meine Seele, singe* (EG 302, für ein anderes Lied komponiert), *Warum sollt ich mich denn grämen* (EG 370). Oft haben sie einen großen Tonumfang und zeigen kompliziertere musikalische Konstruktion für den kantoralen Gebrauch. Manchmal sind sie aber auch sehr schlicht. Die Liedtexte dieser Werkausgabe weichen in zahlreichen Details von den früheren Gesangbuchfassungen ab, offensichtlich Folge einer kritischen Durchsicht durch Gerhardt selbst. Daher werden im Folgenden die Liedtexte nach der Werkausgabe-Version wiedergegeben.

Auch Ebeling verließ Berlin und ging 1668 ins lutherische Stettin. Dort brachte er seine Gerhardt-Gesamtausgabe mit dem schönen Titel *Evangelischer Lust-Garten* (seit 1671) heraus, äußerlich abgespeckt im handlichen Gesangbuchformat, die Melodien nur mit Bassstimme abgedruckt und (nach den Morgen- und Abendliedern) dem Kirchenjahr entlang angeordnet.

Im Dezember 1676, also in Gerhardts Sterbejahr, verstarb auch Ebeling in Stettin, erst im 40. Lebensjahr stehend. Von ihm gibt es kein Bildnis. Seine Stettiner Gerhardt-Werkausgabe wurde bald, 1682 und 1683, in Nürnberg nachgedruckt.

LIEDBEISPIELE
I

Interpretation I – *Geh aus, mein Herz, und suche Freud*

1. Geh aus, mein Herz,
und suche Freud
In dieser lieben Sommerzeit
An deines Gottes Gaben;
Schau an der schönen Gartenzier
Und siehe, wie sie mir und dir
Sich ausgeschmücket haben.

2. Die Bäume stehen voller Laub,
Das Erdreich decket seinen Staub
Mit einem grünen Kleide,
Narzissus und die Tulipan,
Die ziehen sich viel schöner an
Als Salomonis Seide.

3. Die Lerche schwingt
sich in die Luft,
Das Täublein fleucht aus seiner Kluft
Und macht sich in die Wälder;
Die hochbegabte Nachtigall
Ergötzt und füllt mit ihrem Schall
Berg, Hügel, Tal und Felder.

4. Die Glucke führt ihr Völklein aus,
Der Storch baut und
bewohnt sein Haus,
Das Schwälblein speist ihr' Jungen,
Der schnelle Hirsch, das leichte Reh
Ist froh und kommt aus seiner Höh
Ins tiefe Gras gesprungen.

5. Die Bächlein rauschen in dem Sand
Und malen sich und ihren Rand
Mit schattenreichen Myrten;
Die Wiesen liegen hart dabei
Und klingen ganz von Lustgeschrei
Der Schaf und ihrer Hirten.

6. Die unverdrossne Bienenschar
Zeucht hin und her,
sucht hier und dar
Ihr edle Honigspeise;
Des süßen Weinstocks starker Saft
Kriegt täglich neue Stärk und Kraft
In seinem schwachen Reise.

7. Der Weizen wächset mit Gewalt;
Darüber jauchzet Jung und Alt
Und rühmt die große Güte
Des, der so überflüssig labt
Und mit so manchem Gut begabt
Das menschliche Gemüte.

8. Ich selbsten kann und
mag nicht ruhn,
Des großen Gottes großes Tun
Erweckt mir alle Sinnen;
Ich singe mit, wenn alles singt,
Und lasse, was dem Höchsten klingt,
Aus meinem Herzen rinnen.

9. Ach, denk ich, bist du hier so schön
Und lässt du's uns so lieblich gehn
Auf dieser armen Erden:
Was will doch wohl nach dieser Welt
Dort in dem reichen Himmelszelt
Und güldnem Schlosse werden!

10. Welch hohe Lust,
welch heller Schein
Wird wohl in Christi Garten sein?
Wie muss es da wohl klingen,
Da so viel tausend Seraphim
Mit eingestimmtem Mund und Stimm
Ihr Alleluja singen.

11. O wär ich da! O stünd ich schon,
Ach süßer Gott, vor deinem Thron
Und trüge meine Palmen;
So wollt ich nach der Engel Weis
Erhöhen deines Namens Preis
Mit tausend schönen Psalmen.

12. Doch will ich gleichwohl,
weil ich noch
Hier trage dieses Leibesjoch,
Auch nicht gar stille schweigen;
Mein Herze soll sich fort und fort
An diesem und an allem Ort
Zu deinem Lobe neigen.

13. Hilf nur und segne meinen Geist
Mit Segen, der vom Himmel fleußt,
Dass ich dir stetig blühe;
Gib, dass der Sommer deiner Gnad
In meiner Seelen früh und spat
Viel Glaubensfrücht erziehe.

14. Mach in mir deinem Geiste Raum,
Dass ich dir werd ein guter Baum,
Und lass mich wohl bekleiben:
Verleihe, dass zu deinem Ruhm,
Ich deines Gartens schöne Blum
Und Pflanze möge bleiben.

15. Erwähle mich zum Paradeis
Und lass mich bis zur letzten Reis
An Leib und Seele grünen:
So will ich dir und deiner Ehr
Allein, und sonsten keinem mehr,
Hier und dort ewig dienen.

Angaben zum Lied

EG 503; 15 Strophen, sechszeilig; Reimschema: aabccb
(Die letzte Zeile wird bei der Melodie im EG wiederholt.)
Erstmals erschienen 1653 in *PRAXIS PIETATIS MELICA* (PPM) mit Zuweisung einer Lehnmelodie. Gedichtet vermutlich zur Promotion von Johann Sigismund Elsholtz 1653, dem späteren Direktor der preußischen »Lustgärten« (Anagramm in Str. 12). Die im EG vorliegende Melodiezuweisung nahm erstmalig 1836 der Gütersloher Lehrer-Organist Friedrich Eickhoff vor, indem er eine Volksliedmelodie von August Harder (1775–1813) zum Gerhardt-Lied passend machte. Diese Melodie ist nur eine von mehr als zwanzig verschiedenen Vertonungen des Textes.

Interpretation

Auf den ersten Blick schildert Gerhardt in diesem Lied sommerlich blühendes Land, die Natur mit all ihren Facetten und das Glück, aufzubrechen und frohgemut darin zu wandeln. Es heißt deshalb oft »Sommerlied« oder »Sommergesang«, Letzteres auch die Überschrift in der Ebeling-Werkausgabe. Tatsächlich schildert der Text aber keine reale Landschaft, sondern bildet eine kunstvolle Zusammenstellung emblematischer Motive, die in der freien Natur so nicht gleichzeitig vorkommen: Narzissen und Tulpen sind längst verblüht, wenn die Schwalbe Junge hat usw. Die Kombination von Bach, Wiese, schattigen Bereichen spielt auf den bereits bei Vergil und anderen antiken Dichtern verwendeten Topos des *Locus amoenus* an, ein Ort des kontemplativen Wohlbefindens, oft bevölkert mit Hirt und Herde.

Die Strophen 1 bis 7 sind die sogenannten Naturstrophen; in Strophe 8 als Pointe klinkt sich das *Ich* in das allgemeine Gotteslob der geschöpflichen Welt mit ein; die Strophen 9 bis 15 bringen die Spiegelung in die geistliche Dimension. Faktisch greifen allerdings beide Liedteile ineinander. Schon in den ersten acht Strophen sind viele allegorische geistliche Verweise zu finden. So nennt Gerhardt Tiere aus der Bibel (*Taube, Storch, Schwalbe, Hirsch* und *Reh, Schafe, Bienen*) und darf bei seinen zeitgenössischen Lesern die Kenntnis biblischer Zusammenhänge voraussetzen – etwa Psalm 42,2: »Wie der Hirsch schreit nach frischem Wasser, so schreit, meine Seele, Gott zu dir.« –; die Weinrebe, also *Wein* für das Blut Christi; *Weizen* als Verweis auf das Brot und damit den Leib Christi; *Honig* für das Wort Gottes – vgl. Psalm 119,103: »Dein Wort ist meinem Munde süßer als Honig.«

Umgekehrt werden in den Strophen 9 bis 15 auch Bezüge zur Natur hergestellt – *dass ich dir werd ein guter Baum / Und lass mich Wurzeln treiben*; ursprünglich: [...] *wohl bekleiben*. Deutlich wird hier das lutherische Weltbild, indem der Dichter das irdische Dasein in all seiner Schönheit relativiert im Licht der Verheißung, dass der Getaufte und Gläubige von Gott in Zeit und Ewigkeit angenommen sei, was eine noch viel *höhere Lust* (Str. 10) im ewigen Leben erwarten lässt.

Bei zwei Textstellen wird es sich um versteckte Hinweise auf die spezielle Kultur des Berliner Hofes unter Kurfürst Friedrich Wilhelm handeln:

Narzissus und die Tulipan (Str. 2) – Gerhardt führt sonst nur Tiere und Pflanzen aus der Bibel auf. Diese beiden Blumenarten passen also nicht ins Schema. Die *Tulpe* wurde im 17. Jahrhundert aber extrem teuer als Luxusgut aus den Niederlanden importiert und blühte wohl ausschließlich im Berliner kurfürstlichen Lustgarten üppig. So lässt sich hier einerseits »Fürstenlob« erkennen in der Huldigung der höfischen Gartenpracht, andererseits wird solche Gott zu verdankende Naturgestaltung dezidiert schöner taxiert als die seidenen Gewänder des (biblischen) Königs Salomo respektive des Kurfürsten, zudem ist im *Narzissus* die Gefahr der Eitelkeit nicht weit, denn Narziss geht bekanntlich an seiner Eitelkeit zugrunde.

Und güldnem Schlosse werden (Str. 9) – Gerhardt spricht in seinen Liedern oft vom Paradies und dem himmlischen Palast. An dieser Stelle relativiert er allen irdischen Wohlstand durch das Vielmehr des *güldenen* Schlosses im Himmel und stellt so gerade auch das (Berliner)

Schloss des irdischen Regenten in den Schatten des himmlischen Palastes.

Dieses Lied spiegelt also nicht primär das Ergötzen an der Natur im ländlichen Umfeld von Gerhardts damaliger Pfarrstelle Mittenwalde, wie oft zu lesen ist, sondern ist ein exquisites Beispiel allegorischer Dichtkunst im Kontext höfischer Kultur.

Das Anagramm in Strophe 12 (Textgestalt nach PPM 1653):

DOCh gleichwol will ich / weil ich noch	**DOC**	
Hier trage dieses leibes **JO**c**H**	**JOH**	
Auch **N**icht gar stille **S**chwe**IG**en	**AN**	**SIG**
Mein **He**r**TZE SOLL SI**ch fort und fort	**ELSHOLTZ**	**IS**
An diese**M UND** an allem ort		**MUND**
Zu deinem Lobe neigen.		

Johann Sigismund Elsholtz: Plantae singulares horti electoralis Brandenburgici, Ms Boruss Fol 450, Tulipa flavescens und Tulipa purpurascens, Cölln an der Spree, 1659/60

Interpretation II –
Ich steh an deiner Krippen hier

1. Ich steh an deiner Krippen hier,
O Jesulein, mein Leben.
Ich stehe [komme], bring und
schenke dir,
was du mir hast gegeben.
Nimm hin, es ist mein Geist und Sinn.
Herz, Seel und Mut, nimm alles hin
Und lass dir's wohlgefallen.

2. Du hast mit deiner Lieb erfüllt
Mein' Adern und Geblüte,
Dein schöner Glanz, dein süßes Bild,
Liegt mir stets im Gemüte.
Und wie mag es auch anders sein,
Wie könnt' ich dich, mein Herzelein,
aus meinem Herzen lassen?

3. Da ich noch nicht geboren war,
Da bist du mir geboren,
Und hast dich mir zu eigen gar,
eh ich dich kannt', erkoren.
Eh ich durch deine Hand gemacht,
Da hat dein Herze schon bedacht,
Wie du mein wolltest werden.

4. Ich lag in tiefster Todesnacht,
Du wurdest meine Sonne,
Die Sonne, die mir zugebracht
Licht, Leben, Freud und Wonne.
O Sonne, die das werte Licht
Des Glaubens in mir zugericht,
Wie schön sind deine Strahlen!

5. Ich sehe dich mit Freuden an
Und kann mich nicht sattsehen,
Und weil ich nun nicht weiter kann,
So tu ich, was geschehen.
O dass mein Sinn ein Abgrund wär
und meine Seel ein weites Meer,
dass ich dich möchte fassen!

6. Vergönne mir, o Jesulein,
Dass ich dein Mündlein küsse,
das Mündlein, das den süß'ten Wein,
Auch Milch und Honigflüsse
weit übertrifft in seiner Kraft.
Es ist voll Labsal, Stärk und Saft,
Der Mark und Bein erquicket.

7. Wann oft mein Herz im Leibe weint
Und keinen Trost kann finden,
Da ruft mir's zu:
Ich bin dein Freund,
Ein Tilger deiner Sünden.
Was trauerst du,
mein Fleisch und Bein?
Du sollst ja guter Dinge sein,
Ich zahle deine Schulden.

8. Wer ist der Meister, der allhier
Nach Würdigkeit ausstreichet
Die Händlein, so das Kindlein mir;
Anlachende zureichet!

Der Schnee ist hell,
die Milch ist weiß,
Verlieren doch beid' ihren Preis,
Wenn diese Händlein blicken.

9. Wo nehm' ich Weisheit und
Verstand
Mit Lobe zu erhöhen
Die Äuglein, die so unverwandt
Nach mir gerichtet stehen!
Der volle Mond ist schön und klar,
Schön ist der güldnen Sternenschar,
dies' Äuglein sind viel schöner.

10. O dass doch ein so lieber Stern
Soll in der Krippen liegen!
Vor [Für] edle Kinder großer Herrn
Gehören güldne Wiegen.
Ach, Heu und Stroh ist viel zu
schlecht,
Samt, Seid' und Purpur wären recht
Dich Kindlein draufzulegen.

11. Nehmt weg das Stroh,
nehmt weg das Heu,
Ich will mir Blumen holen,
Dass meines Heilands Lager sei
Auf Rosen und Violen.
Mit Tulpen, Nelken, Rosmarin
Aus frischen Gärten will ich Ihn
Von oben her bestreuen.

12. Zur Seiten will ich hier und dar
Viel weiße Lilien stecken.
Die sollen seiner Äuglein Paar
Im Schlafe sanft bedecken.
Doch liebt vielleicht das dürre Gras
Dies Kindlein mehr, als alles das,
Was ich hier nenn und denke.

13. Du fragest nicht nach Lust der Welt,
noch nach des Leibes Freuden.
Du hast dich bei uns eingestellt,
An unsrer Statt zu leiden,
Suchst meiner Seelen Trost und Freud
Durch allerhand Beschwerlichkeit.
Das will ich dir nicht wehren.

14. Eins aber hoff' ich, wirst du mir,
Mein Heiland, nicht versagen,
Dass ich dich möge für und für
In, bei und an mir tragen.
So lass mich doch dein Kripplein sein,
Komm, komm und lege bei mir ein
Dich und all deine Freuden.

15. Zwar sollt' ich denken, wie gering
Ich dich bewirten werde.
Du bist der Schöpfer aller Ding,
Ich bin nur Staub und Erde.
Doch bist du so ein lieber Gast,
Dass du noch nie verschmähet hast
Den, der dich gerne siehet.

Angaben zum Lied

EG 37 (9 Strophen, ohne Str. 2, 6, 8, 9, 12, 15), Katholisches Gotteslob (GL) 256 (nur Str. 1, 3–5); 15 Strophen, siebenzeilig;
Reimschema: ababccd (»Lutherstrophe«)
Erstmals erschienen 1653 in PPM mit Zuweisung von Luthers zweiter Melodie *Nun freut euch, lieben Christen gmein* (vgl. EG 149) als Lehnmelodie (so auch in J. S. Bachs Weihnachtsoratorium, Kantate VI). Melodiezuweisung in EG und GL nach Johann Sebastian Bach, Schemelli-Gesangbuch 1736.

Interpretation

Dieses weihnachtliche Andachtslied zur Krippenmeditation ist heute – auch dank der wohl von J. S. Bach eigens geschaffenen Melodie – sehr beliebt. Gesungen werden allerdings meist nur die im GL abgedruckten Strophen. Im EG fehlen die sprachlich und inhaltlich schwerer zugänglichen Strophen, die allerdings den speziellen Reiz dieses Liedes ausmachen. Völlig verzückt steht der betrachtende Mensch an der Krippe mit dem »Jesus-Baby« und überschlägt sich geradezu mit Superlativen der Begeisterung. Die Diminutive (*Jesulein, Herzelein, Mündlein* usw.) sind einerseits »Baby-gemäß«, andererseits artikulieren sie völlig zeittypisch die Intimität der Jesus-Beziehung im Glauben. »Küsset den Sohn« (Psalm 2,12) ist biblische Sprachvorlage dafür.

Die Faszination an diesem Neugeborenen resultiert aber letztlich aus dem Heilswirken des Jesuskindes für die Betrachtenden. Dies gründet schon im sogenannten Ratschluss zur Erlösung vor aller Zeit (Str. 3). Es ist das Kind, das den Glauben schenkt (Str. 4), die Schuld des Menschen tilgt (Str. 7), für ihn den Tod erleidet (Str. 13). Hoch artifiziell springt Gerhardt zwischen Detailbetrachtung des Kindes und theologischer Deutung hin und her. Ab Strophe 10 wird die Erniedrigungschristologie entfaltet, der Kontrast zwischen ärmlicher Geburt Jesu und seiner Würde und Majestät als *Heiland* und *Schöpfer aller Ding*. Das betrachtende *Ich* will zum Ausgleich zunächst allen nur erdenkbaren Blumenschmuck für die Krippe aufbringen (Str. 11) – hier sind in der Werkausgabe Ebelings die zuvor nicht genannten *Tulpen* (!) dazu gekommen –, realisiert dann aber den tieferen Sinn solcher Ärmlichkeit. Letztlich geht es nicht um das Äußerliche, sondern darum, Jesus im eigenen *Herz* zu tragen. So steht am Ende die Bitte, Jesus möge sich selbst in das *Kripplein* meines Herzens legen, eine in der mittelalterlichen Mystik sehr verbreitete Vorstellung. Anders als dort kann dies beim Lutheraner Gerhardt aber nur Jesus selbst bewerkstelligen, jegliche Selbstbeteiligung seitens der Gläubigen ist ausgeschlossen.

Dass Gerhardt hier die sogenannte Lutherstrophe gewählt hat, originär mit Luthers *Nun freut euch, lieben Christen gmein* (EG 341) verknüpft, hat eine inhaltliche Beziehungsdimension: Luthers Lied war bekannt als »Ballade von der Erdenfahrt Christi«. Das dort von Gott als Heilsgeschehen mit dem *lieben Sohn* Angesagte wird hier bei Gerhardt in faszinierender Weise anschaulich und berührend entfaltet.

Unbekannter Künstler: Fragment einer „Geburt Christi", um 1480, Öl und Tempera auf Kiefernholz

Dieses spätmittelalterliche Andachtsbild stammt aus der Berliner Nikolaikirche und wurde kriegsbedingt stark beschädigt. Als Paul Gerhardt es dort betrachten konnte, waren das Kind in der Krippe und vermutlich auch Joseph noch darauf zu sehen.

Interpretation III –
O Haupt voll Blut und Wunden

1. O Haupt voll Blut und Wunden,
Voll Schmerz und voller Hohn!
O Haupt, zum Spott gebunden
Mit einer Dornenkron!
O Haupt, sonst schön gezieret
Mit höchster Ehr und Zier,
Jetzt aber höchst schimpfieret:
Gegrüßet seist du mir!

2. Du edles Angesichte,
Davor sonst schrickt und scheut
Das große Weltgewichte:
Wie bist du so bespeit?
Wie bist du so erbleichet?
Wer hat dein Augenlicht,
Dem sonst kein Licht nicht gleichet,
So schändlich zugericht'?

3. Die Farbe deiner Wangen,
Der roten Lippen Pracht
Ist hin und ganz vergangen:
Des blassen Todes Macht
Hat alles hingenommen,
Hat alles hingerafft,
Und daher bist du kommen
Von deines Leibes Kraft.

4. Nun, was du, HErr, erduldet,
Ist alles meine Last:
Ich hab es selbst verschuldet,
Was du getragen hast.
Schau her, hier steh ich Armer,
Der Zorn verdienet hat.
Gib mir, o mein Erbarmer,
Den Anblick deiner Gnad.

5. Erkenne mich, mein Hüter,
Mein Hirte, nimm mich an.
Von dir, Quell aller Güter,
Ist mir viel Guts getan:
Dein Mund hat mich gelabet
Mit Milch und süßer Kost,
Dein Geist hat mich begabet
Mit mancher Himmelslust.

6. Ich will hier bei dir stehen,
Verachte mich doch nicht.
Von dir will ich nicht gehen,
Wann dir dein Herze bricht;
Wann dein Haupt wird erblassen
Im letzten Todesstoß,
Alsdann will ich dich fassen
In meinen Arm und Schoß.

7. Es dient zu meinen Freuden
Und kömmt mir herzlich wohl,
Wann ich in deinem Leiden,
Mein Heil, mich finden soll!
Ach möcht ich, o mein Leben,
An deinem Kreuze hier
Mein Leben von mir geben,
Wie wohl geschähe mir!

8. Ich danke dir von Herzen,
O Jesu, liebster Freund,
Für deines Todes Schmerzen,
Da du's so gut gemeint.
Ach gib, dass ich mich halte
Zu dir und deiner Treu
Und, wenn ich nun erkalte,
In dir mein Ende sei.

9. Wann ich einmal soll scheiden,
So scheide nicht von mir!
Wann ich den Tod soll leiden,
So tritt du dann herfür:
Wann mir am allerbängsten
Wird um das Herze sein,
So reiß mich aus den Ängsten
Kraft deiner Angst und Pein.

10. Erscheine mir zum Schilde,
Zum Trost in meinem Tod,
Und lass mich sehn dein Bilde
In deiner Kreuzesnot.
Da will ich nach dir blicken,
Da will ich Glaubens voll
Dich fest an mein Herz drücken.
Wer so stirbt, der stirbt wohl.

Angaben zum Lied

EG 85, GL 289 (ohne Str. 5, 7); 10 Strophen, achtzeilig;
Reimschema: ababcdcd (»Hildebrandstrophe«)

Dank der Verwendung einzelner Strophen in Bachs Matthäus-Passion gehört dies zu den bekanntesten Liedern Paul Gerhardts – erstmals erschienen 1656 in PPM als letzter der sieben Gesänge, die dem lateinischen *Passions-Salve* nachgedichtet sind, das heute Arnulf von Löwen (1200–1250) zugeschrieben wird. Gerhardt ging allerdings vom Zisterziensermönch Bernhard von Clairvaux (um 1090–1153) als Autor aus. Jeder Gesang richtet sich in Grußform an einzelne Körperteile des am Kreuz Gemarterten und meditiert deren spezielle Heilsbedeutung. Dabei wandert die Blickrichtung von den Gliedmaßen unten sukzessive nach oben bis zum Haupt. *Salve caput cruentatum* beginnt dieser siebte Gesang. In Ebelings Werkausgabe eröffnet das komplette Passions-Salve die Edition im ersten Heft.

Crüger hat diesem Lied die für Kirchenlieder oft genutzte Melodie *Herzlich tut mich verlangen nach einem sel'gen End* (Görlitz 1613) zugewiesen, die auf ein Liebeslied von Hans Leo Haßler zurückgeht (1601): *Mein Gmüt ist mir verwirret, das macht ein Jungfrau zart.*

Interpretation

Dieses Passionslied ist in Ebelings *Evangelischem Lust-Garten* dem Karfreitag zugewiesen, wo die Gemeinde unter dem Kreuz Jesu steht und zu ihm aufblickt. Der Gekreuzigte wird sehr plastisch beschrieben. Die Grausamkeit des Martyriums Jesu, wie sie sich gerade an seinem geschundenen Haupt zeigt, wird nachgezeichnet. Der Beter erkennt, dass seine Schuld die Ursache für dieses Leiden ist, bittet Christus – im Kontrast zu dessen schmerzverzerrtem Leidensgesicht – um den *Anblick seiner Gnad* (vgl. Jesu Vergebungswort zu einem der Mitgekreuzigten – Lukas 23,43) und gelobt (Str. 6), bei ihm unter dem Kreuz auszuharren bis zum Tod, ihn dann sogar im *Schoß* zu *fassen* wie Maria den toten Sohn im bildlichen Darstellungstopos der Pietà. Solche Treue zum sterbenden Jesus jetzt am Karfreitag eröffnet dem Gläubigen für sein eigenes Sterben die Perspektive, dass in der Todesstunde der Gekreuzigte ihm vor Augen tritt und beisteht und ihn so aus allen Todesängsten reißt.

In der Predella des Altars der Mittenwalder Kirche ist als »Schweißtuch der Veronika« das Haupt des gekreuzigten Christus abgebildet. Gerhardt hatte dies stets vor Augen, wenn er sich im Gottesdienst zum Altar wandte.

Darstellung des Schweißtuches der Heiligen Veronika mit Christushaupt, Predella am Altar der Kirche St. Moritz zu Mittenwalde, 1514

WIRKUNG

Die Verbreitung von Gerhardts Liedern

Crügers Gesangbuch *PRAXIS PIETATIS MELICA* (PPM) war seinerzeit federführend in der Verknüpfung von herkömmlichem reformatorischem Liedbestand mit neuer, affektreicher Barockdichtung. Hier bedienten sich Gesangbuchmacher anderer Regionen in Deutschland mit neuen Liedern nicht nur von Gerhardt, aber – schon zu Gerhardts Lebzeiten – gerade auch mit seinen. Die PPM wurde nach Crügers Tod weitergeführt und im Liedbestand stets erweitert. Ab 1672 bringt sie auch Lieder von den 30 Gesängen, die erstmals in Ebelings Werkausgabe (GA) erschienen sind. In der 24. Auflage von 1690 fehlt nur noch einer von 120 Titeln. Der direkte Einfluss der GA auf andere Gesangbuchausgaben war eher gering. In der Regel übernahmen die Herausgeber die neueren Gerhardt-Lieder aus jüngeren PPM-Auflagen. Beim Altbestand blieb es bei den früheren Textfassungen in PPM.

Im Todesjahr Gerhardts (1676) brachte ein Nürnberger Gesangbuch unter insgesamt 1.160 Liedern bereits 83 Gesänge von Gerhardt. Im zeitgleich erschienenen *Husumer Hofgesangbuch* stellen 76 Gerhardt-Lieder sogar ein Fünftel des Gesamtbestandes. Im Jahr zuvor hatte das Königsberger Gesangbuch bereits 74 Gerhardt-Titel versammelt. Auch die seit etwa 1675 expandierende, neue geistliche Strömung des Pietismus schätzte diese Lieder der persönlichen Gottesbeziehung mit ihrer emotionalen Tiefe. Das *Freylinghausensche Gesangbuch*, wichtigstes Liederbuch des Pietismus aus Halle, ediert 1704 und 1714 in zwei Bänden, enthielt 84 Gerhardt-Lieder.

Melodie zu »Fröhlich soll mein Herze springen«, in: Das Husumer Hofgesangbuch. Schleswig 1676, Faksimile, hrsg. von der Stiftung Nordfriesland, Nachwort v. Ada Kadelbach, Husum 1986

Als 1724 für Kursachsen ein neues Landesgesangbuch anstand, erfasste dies mit 102 Gerhardt-Liedern fast den gesamten Bestand. Beim schon 1711 vor allem wegen des Wunsches nach mehr Gerhardt-Liedern neu konzipierten Arnstädter Gesangbuch schaffte es sein Name sogar auf die Titelseite. Luther und Gerhardt gelten nun als das Tandem für das Singen in »reiner« Lehre:

> Arnstädtisches Neu=Vermehrtes Gesangbuch / Worinnen vieler reiner Lehrer und Christen / fürnehmlich des Seel. Herrn Doct. Luthers und Paul Gerhards Geist=reiche Lieder ...

Obrigkeitlich angeordnete Gesangbücher erschienen im 18. Jahrhundert in der Regel ohne Noten, damit sie für alle Landeskinder erschwinglich waren. Demzufolge hatten es die eigenen Melodien zu Gerhardt-Liedern aus Crügers oder Ebelings Feder nun schwer. Gesungen wurde lieber nach verbreiteten Standardmelodien. Allerdings erhielten sie in der Bezeichnung jetzt oft den Namen eines Gerhardt-Liedes: *Wach auf, mein Herz, und singe* (statt *Nun lasst uns Gott dem Herren*), *Befiehl du deine Wege* (statt *Herzlich tut mich verlangen*). Das heute so beliebte *Die güldne Sonne*, für die GA neu gedichtet und von Ebeling vertont, fehlte in vielen Gesangbüchern, da es einen singulären Strophenbau hat und demgemäß nicht nach einer bekannten Melodie gesungen werden konnte.

Nicht alle Gesangbücher druckten bei den Liedern die Dichternamen ab. So sangen in preußischen Landen ab 1709 viele Menschen im weit verbreiteten *Porstschen Gesangbuch* jede Menge Gerhardt-Lieder, ohne zu erfahren, bei welchen er der Autor ist. Allerdings wurde er auch hier schon im Buchtitel als prominent aufgeführt – in der Namenstrias *Martin Luther/Johann Heerman/Paul Gerhard[t]*. Erst nach 1850 wurden im *Porst* bei den einzelnen Liedern die Dichternamen hinzugefügt.

Rationalistische Ächtung und die Gegenbewegung

»Was die Gesangbücher angeht, so stehet einem Jeden frei, zu singen: ›Nun ruhen alle Wälder‹ oder dergleichen dummes und törichtes Zeug mehr.«

Für Friedrich den Großen war Gerhardts weit verbreitetes Abendlied (s. Interpretation IX) Inbegriff von »törichten« kirchlichen Sprachformen, die allem gesunden Menschenverstand widersprechen. Denn die Wälder *ruhen* nicht, und bei *es schläft die ganze Welt* ist außer Acht gelassen, dass auf der anderen Seite des Globus gerade Tag ist. Nachdem 1780 in Preußen die Einführung des rationalistisch konzipierten Gesangbuches *Mylius* (Name des Herausgebers) mit krassen Textänderungen bei vertrauten Liedern und vielen extra gedichteten Gesängen auf entschiedenen Widerstand im Kirchenvolk gestoßen war, verzichtete der preußische König mit den zitierten Worten auf dessen Durchsetzung. In bekannter Berliner Herrschermanier fuhr er allerdings fort: »Aber die Priester müssen die Toleranz nicht vergessen, denn ihnen wird keine Verfolgung gestattet.«

Zwischen 1780 und 1820 wurden in fast allen deutschen Landen sogenannte rationalistische Gesangbücher eingeführt, die Gerhardts Lieder bis zur Unkenntlichkeit verstümmelten und überhaupt nur wenige davon übrigließen. Beim Weihnachtslied (EG 36) etwa ist in Bayern nur das Anfangswort stehen geblieben:

Fröhlich lasst uns Gott lobsingen:
Hoch erfreut lasst uns heut
ihm Verehrung bringen!

Gesangbuch für Bayern 1816, Nr. 60

Diese Gesangbücher blieben teilweise bis in die 1880er-Jahre in Geltung. So waren es zunächst Privatinitiativen, oft von Nicht-Geistlichen, welche im 19. Jahrhundert die verschütteten Liedschätze wieder ans Licht brachten. Ein Bremer Bürgermeister, Franz Tiedemann, besorgte 1817 und 1827 eine Ausgabe mit 66 Gerhardt-Liedern. Zwei junge Berliner Juristen, Hermann Olshausen und Carl Wilhelm von Deleuze de Lancizolle, edierten 1821, 1827 und 1838 eine Gesamtausgabe. Der Berliner Tuchmacher mit Hobby Hymnologie, Emmanuel Christian Gottlieb Langbecker, erforschte erstmals gründlich das Leben Gerhardts und verband seine umfängliche Darstellung von Leben und Werk im Jahr 1841 mit einer Neuedition von Ebelings GA. Große Verbreitung fand dann die erstmals 1843 im Handbüchlein-Format vorgelegte Werkausgabe nach GA durch den damals im Schuldienst tätigen Philipp Wackernagel, von Haus aus Mineraloge.

Diese Gerhardt-Fans standen in der Regel der Erweckungsbewegung nahe und erkannten den unersetzlichen Mehrwert seiner Lieder für die »praxis pietatis«, für gelebte Frömmigkeit. Allerdings klangen oft auch nationale Töne an. Wie Luthers Lieder sollten Gerhardts Gesänge dem deutschen Volk eine spezifische Stimme geben und die Menschen auf den richtigen Weg bringen im Sinne der politischen Restauration.

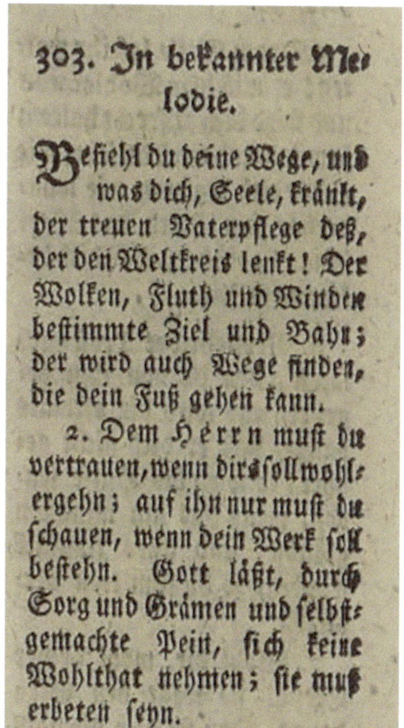
303. In bekannter Melodie.

Befiehl du deine Wege, und was dich, Seele, kränkt, der treuen Vaterpflege deß, der den Weltkreis lenkt! Der Wolken, Fluth und Winden bestimmte Ziel und Bahn; der wird auch Wege finden, die dein Fuß gehen kann.

2. Dem Herrn mußt du vertrauen, wenn dirs soll wohlergehn; auf ihn nur mußt du schauen, wenn dein Werk soll bestehn. Gott läßt, durch Sorg und Grämen und selbstgemachte Pein, sich keine Wohlthat nehmen; sie muß erbeten seyn.

»Befiehl du deine Wege«, in: Gesangbuch »Mylius«, Breslau 1781

Gerhardts Lieder im modernen Liedkanon

Um 1850 konstituierte sich die Eisenacher Kirchenkonferenz als Gremium der zahlreichen deutschen Landeskirchen. Erstes Projekt war die Erarbeitung eines gemeinsamen Bestandes von »Kernliedern« mit verbindlichen Text- und Melodiefassungen. Die 1854 edierten *150 Kernlieder* enthielten 15 Gerhardt-Lieder, exakt zehn Prozent des Liedbestandes. Von nun an war Gerhardt mit Luther wieder der wichtigste Liedlieferant für landeskirchliche Gesangbücher.

Aber erst im 20. Jahrhundert setzte sich die Eisenacher Vorgabe der Rückkehr zu den originalen Text- und Melodiefassungen vollends durch. Mit dem ab 1950 eingeführten *Evangelischen Kirchengesangbuch* (EKG) war in den Landeskirchen die »Gesangbuch-Restauration« abgeschlossen und erstmalig ein gesamtdeutsches Gesangbuch mit gemeinsamem Stammteil und divergierenden Regionalteilen verfügbar. Im Stammteil fanden sich unter 394 Liedtiteln 30 Gerhardt-Lieder, also ein Viertel des Gerhardt-Gesamtbestandes, im Folgegesangbuch von 1993 (EG) waren es noch 26 (bei über 500 Liedern). Wenige weitere Titel kamen in einzelnen Regionalteilen dazu.

Gerhardt-»Klassiker« im deutschen Gesangbuchkanon sind die Lieder zum Kirchenjahr, die Morgen- und Abendlieder, die allgemeinen

Melodie »O Haupt voll Blut und Wunden« mit originalem Rhythmus, in: Deutsches Evangelisches Kirchen-Gesangbuch. In 150 Kernliedern, Stuttgart und Augsburg 1854

Lob- und Danklieder und vor allem die tröstlichen Vertrauenslieder. Von den 27 Psalmliedern haben nur zwei »überlebt« (EG 283, 302). Bei den Melodiezuweisungen hat sich das Prinzip »eigene Melodie« fast überall durchgesetzt. Bei vielstrophigen Liedern fehlen immer wieder einzelne Strophen, deren Sprach- und Bildwelt den Gesangbuchmachern zu fremd erschien. Das nächste gesamtdeutsche Gesangbuch, das bis Ende der 2020er-Jahre vorliegen soll, wird als Buchedition wie Datenbank eingerichtet. Letztere wird wieder alle Strophen zur Verfügung stellen, die Buchausgabe wird aber noch weiter kürzen und auch weniger Gerhardt-Titel enthalten.

Im katholischen Bereich sind die Lieder des Lutheraners Gerhardt weit weniger rezipiert worden. Im jetzigen Gesangbuch *Gotteslob* (2013) stehen sieben Titel im Stammteil, sieben weitere in einzelnen Regionalteilen. Seit der Öffnung für ökumenisches Singen im Jahr 1938 (*Sammlung Kirchenlied*) sind Gerhardt-Lieder stets nur stark gekürzt aufgenommen worden. Vielstrophige Gesänge lässt die primär liturgieorientierte Konzeption des *Gotteslob* nicht zu. Besonderheit ist die eigene katholische Rezeption des Liedes aus dem Passions-Salve *O Herz des Königs, aller Welt* (GL 369, nur zwei Strophen) und des von 36 auf vier Strophen reduzierten Osterliedes *Nun freut euch hier und überall* (in zehn Regionalteilen).

Die seit 1969 installierte Arbeitsgemeinschaft ökumenisches Liedgut (AÖL), an der auch die Freikirchen beteiligt sind, listet immerhin 15 Gerhardt-Gesänge auf (Stand 2020). In den protestantischen Freikirchen haben die der »praxis pietatis« förderlichen Gerhardt-Lieder eine gute Verwurzelung. Die das orthodoxe Luthertum hochhaltende Selbständige Evangelisch-Lutherische Kirche (SELK) bietet in ihrem neuen Gesangbuch von 2021 auch Gerhardt-Lieder, die bei den Landeskirchen aus dem Blick geraten sind, z. B. das Adventlied *Warum willst du draußen stehen, du Gesegneter des Herrn* oder das seelsorgerliche Vertrauenslied *Schwing dich auf zu deinem Gott, du betrübte Seele.*

Paul Gerhardt international

Schon früh, bereits im 17. Jahrhundert, begann die Übersetzung von Gerhardts Liedern in andere Sprachen, auch ins Wendische, der zweiten Volkssprache in der Niederlausitz im direkten Umfeld von Lübben. Die lutherisch geprägten skandinavischen und baltischen Länder übernahmen besonders viel Gerhardt-Liedgut. In Estland ist heute *Wach auf, mein Herz, und singe* das wohl beliebteste Kirchenlied und fungiert als Titel für eine Kirchenmusikreihe. Nicht weniger als 53 Gerhardt-Lieder wurden ins Estnische übersetzt.

Im 18. Jahrhundert war der Einfluss Gerhardts auf den englischen Methodismus stark (John Wesley). Im 19. Jahrhundert gab es in England eine Gerhardt-Welle durch 27 Liedübertragungen von Catherine Winkworth (1827–1878), der Kennerin und Übersetzerin vieler deutscher Kirchenlieder. Bis heute rezipieren die methodistischen wie auch die lutherischen Kirchen in den USA stark Gerhardt-Lieder, vollends, wenn bei den Gemeinden deutsche Migrationsgeschichten im Hintergrund stehen. Die Datenbank https://hymnary.org bietet eine beeindruckende Auflistung von Gerhardt-Titeln in Englisch (und anderen Sprachen).

Im Zuge der weltweiten Missionsbestrebungen deutscher Missionare kamen Gerhardt-Lieder in alle Winkel der Erde. Die besonders singfreudige Herrnhuter Mission hatte daran einen großen Anteil. Albert Schweitzer (1875–1965) sah sich veranlasst, über die Beliebtheit gerade von Gerhardt-Liedern in Afrika sich Gedanken zu machen. In Japan gibt es eine eigene Gerhardt-Tradition mit zehn Liedern im heutigen Gesangbuch.

In über vierzig Sprachen wurden Gerhardt-Lieder übersetzt. Das Paul-Gerhardt-Zentrum in Lübben präsentiert Videos mit fremdsprachigen Liedvorträgen. In der Lübbener Paul-Gerhardt-Kirche sind in einer Dauerausstellung Gesangbücher aus dem Ausland zu sehen, die Gerhardt-Lieder enthalten.

Søndag efter Nytaar.

Mel. Hjertelig mig nu længes.

113. Befal du dine Veie Og al din Hjerteſorg Til hans trofaſte Pleie, Som bor i Himlens Borg! Han, ſom kan Stormen binde Og lede Bølgen blaa, Han kan og Veien finde, Hvorpaa din Fod kan gaa.

2. Paa Herren maa du agte, Hvis det dig vel ſkal gaa. Hans Gjerning du betragte, Hvis din ſkal vel beſtaa. Ved Sorg og ſelvvalgt Plage Du Intet retter ud; Thi Intet kan du tage, Alt kan du faa af Gud.

3. Din Trofaſthed og Naade, O Fader, ved og ſer, Hvad ſkade kan og baade Det ſkrøbelige Ler. Og hvad du har for Øie, Det ſker, o ſtærke Gud! Og Alting ſig maa føie Dit Raad at føre ud.

4. Vei har du alle Steder, Dig Midler fattes ei, Kun Naade du udſpreder, Kun Lys er al din Vei; Din Gjerning kan ei hvile, Ei ſtandſes kan dit Fjed, Naar du til os vil ile Med Hjælp og Biſtand ned.

»Befiehl du deine Wege« auf Norwegisch, in: Psalmebog, udgiven af Synoden for den norske evangelisk-lutherske Kirke i Amerika (2. Aufl. 1890)

LIEDBEISPIELE II

Interpretation IV – *Befiehl du deine Wege*

1. BEFIEHL du deine Wege
Und was dein Herze kränkt
Der allertreusten Pflege
Des, der den Himmel lenkt.
Der Wolken, Luft und Winden
Gibt Wege, Lauf und Bahn,
der wird auch Wege finden,
da dein Fuß gehen kann.

2. DEM HERREN musst du trauen,
Wann dir's soll wohlergehn.
Auf sein Werk musst du schauen,
Wann dein Werk soll bestehn.
Mit Sorgen und mit Grämen
Und mit selbst eigner Pein
Lässt Gott ihm gar nichts nehmen,
es muss erbeten sein.

3. DEIN' Ewge Treu und Gnade,
O Vater, weiß und sieht,
Was gut sei oder schade
Dem sterblichen Geblüt.
Und was du dann erlesen,
Das treibst du, starker Held,
Und bringst zum Stand und Wesen,
Was deinem Rat gefällt.

4. WEG' hast du allerwegen,
An Mitteln fehlt dir's nicht.
Dein Tun ist lauter Segen,
Dein Gang ist lauter Licht.
Dein Werk kann niemand hindern,
Dein' Arbeit darf nicht ruhn,
Wann du, was deinen Kindern
Ersprießlich ist, wirst tun.

5. UND ob gleich alle Teufel
Hier wollten widerstehn,
So wird doch ohne Zweifel
GOtt nicht zurückegehn.
Was Er Ihm [sich] vorgenommen
Und was Er haben will,
Das muss doch endlich kommen
Zu seinem Zweck und Ziel.

6. HOFF', o du meine Seele,
hoff' und sei unverzagt.
GOtt wird dich aus der Höhle,
Da dich der Kummer jagt,
Mit großen Gnaden rücken.
Erwarte nur die Zeit,
So wirst du schon erblicken
Die Sonn der schönsten Freud'.

7. AUF, auf, gib deinem Schmerze
Und Sorgen gute Nacht.
Lass fahren, was dein Herze
Betrübt und traurig macht.
Bist du doch nicht Regente,
Der alles führen soll.
GOtt sitzt im Regimente
Und führet alles wohl.

8. IHN, ihn lass tun und walten.
Er ist ein weiser Fürst
Und wird sich so verhalten,
Dass du dich wundern wirst,
Wann Er, wie Ihm gebühret
Mit wunderbarem Rat
Die Sach hinausgeführet,
Die dich bekümmert hat.

9. ER wird zwar eine Weile
Mit seinem Trost verziehn
Und tun an seinem Teile,
Als hätt' in seinem Sinn
Er deiner sich begeben;
Und sollt'st du für und für
In Angst und Nöten schweben,
Fragt er doch nichts nach dir.

10. WIRD'S aber sich befinden,
Dass du Ihm treu verbleibst,
So wird Er dich entbinden,
Da du's am wen'gsten gläubst.
Er wird dein Herze lösen
Von der so schweren Last,
Die du zu keinem Bösen
Bisher getragen hast.

11. WOHL dir, du Kind der Treue,
Du hast und trägst davon
Mit Ruhm und Dankgeschreie
Den Sieg und Ehrenkron.
GOtt gibt dir selbst die Palmen
In deine rechte Hand
Und du singst Freudenpsalmen
Dem, der dein Leid gewandt.

12. MACH' ENd', o Herr, mach' Ende
An aller unsrer Not.
Stärk unsre Füß und Hände
Und lass bis in dem Tod
Uns allzeit deiner Pflege
Und Treu empfohlen sein.
So gehen unsre Wege
Gewiss zum Himmel ein.

Angaben zum Lied

EG 361, GL 418 (nur Str. 1–5); 12 Strophen, achtzeilig;
Reimschema: ababcdcd (»Hildebrandstrophe«)
Erstmals erschienen 1653 in PPM in der Rubrik »Vom Christlichen Leben und Wandel«. Entstehung evtl. in Verbindung mit dem Leiden und Sterben von Elisabeth Hortleder (Anagramm) 1651. Melodiezuweisung im EG: rhythmisch egalisierte Fassung von *Lobet GOtt, unsern HErren* (Zuweisung von Crüger, Tripla-Takt), in dieser Form nachweisbar erstmals 1708 im Melodien-Büchlein zum Freylinghausenschen Gesangbuch.

Interpretation

Singulär in Gerhardts Liedschaffen liegt hier ein Akrostichon vor: Die (in GA) in Großbuchstaben gedruckten Anfangsworte der Strophen ergeben Psalm 37,5: »Befiehl dem Herren deine Wege und hoff' auf ihn, er wird's wohl machen.« (Dieser Psalmvers ist in GA die Überschrift zum Lied.)

Dem theologischen Lehrstück von der Providentia (Vorherbestimmung) Gottes gemäß, lädt das Lied zum grenzenlosen Vertrauen in Gottes bewahrendes und alles lenkendes Wirken ein. Gott, der wahrhaft *im Regimente sitzt*, will und wird es *wohl machen* (Str. 7). Auf Gottes *allertreuste Pflege* (Str. 1) für seine Geschöpfe ist Verlass, auch wenn teuflische Anfechtung (Str. 5), *Kummer* (Str. 6) und *Sorgen* (Str. 7) bis hin zur Erfahrung der *Gottferne* (Str. 9) dem zu widersprechen scheinen. Den Segen und das Heil des treuen Gottes wird der Glaubende als *Kind der Treue* (Str. 11) gewiss erfahren und darüber zum Sänger von *Freudenpsalmen* werden (Str. 11), wie es das ewige Leben *im Himmel* (Liedschluss) kennzeichnet. Das Lied ist ein Lehrstück in »Lebenskunst«, indem es dazu einlädt, das Gelingen des eigenen Lebens ganz dem allmächtigen Gott zu überlassen und allen quälenden Sorgen *gute Nacht* zu sagen (Str. 7).

In acht der zwölf Strophen spricht das Lied – analog zum Psalmvers – zum Menschen im seelsorgerlichen Zuspruch des *du, dir, dein*. Wiederholungen der Anfangsimperative (Str. 6, 7, modifiziert 8) steigern die

Eindringlichkeit. Zwei Strophen (Str. 3, 4) huldigen Gottes Souveränität in *Du*-Anrede. Die letzte Strophe ist als Gebet gehalten, eindringlich wieder durch Wortwiederholung. Die Schlüsselworte des Liedes, *Treue/trauen, Pflege,* markieren auch den Liedschluss.

In gleich vier Strophen lässt sich der (Tauf-)Name von Gerhardts späterer Schwiegermutter Elisabeth Hortleder als Anagramm, verbunden meistens auch mit dem des Dichters, identifizieren. Sie starb im Dezember 1651 nach fünfjähriger Leidenszeit, in welcher ihre Tochter, Gerhardts spätere Gattin, extrem aufopferungsvoll die *Pflege* übernommen hatte (vgl. S. 45). Das Lied könnte also konkret für diesen Seelsorge-»Fall« gedichtet sein. Die Pflege der Tochter wäre so geadelt als Widerschein von Gottes *Pflege*. Die Anagramme in Strophe 1:

BEf**I**eh**L** du deine Weg**E**	**ELI BE**
Und w**AS** dein **H**er**T**ze kränckt	**SA TH**
Der allertreusten Pflege	
Deß, **DER** den **H**immel **LE**nck**T**,	**H RTLEDER**
Der W**O**lken, Luft und Winden	**O**
…	
Oder: Und w**A**s **D**ein **H**e**RT**ze kränckt,	**HARDT**
Der **AL**le**R**Tre**U**sten **P**fle**GE**	**PAUL GER**

Lange Zeit wurde das Lied mit der Melodie gesungen, die heute mit dem Passionslied *O Haupt voll Blut und Wunden* (EG 85) benannt wird, im 19. Jahrhundert aber *Befiehl du deine Wege* hieß. Bachs Schwiegersohn Johann Christoph Altnikol (1720–1759) schuf eine vierstimmige Chormotette zu allen Liedstrophen mit dieser Melodie. Erst im 20. Jahrhundert wurde die jetzige Melodiefassung nach dem Freylinghausenschen Gesangbuch von 1708 üblich. Hier ist die von Crüger ursprünglich vorgesehene Melodie im schwungvollen Dreiertakt in den getragenen Gestus des Vierertaktes verwandelt.

Interpretation V –
Warum sollt ich mich denn grämen

1. Warum sollt ich mich denn grämen?
Hab ich doch Christum noch.
Wer will mir den nehmen?
Wer will mir den Himmel rauben,
Den mir schon Gottes Sohn
Beigelegt im Glauben?

2. Nackend lag ich auf dem Boden,
Da ich kam, Da ich nahm
Meinen ersten Odem.
Nackend werd' ich auch hinziehen,
Wann ich werd' Von der Erd
Als ein Schatten fliehen.

3. Gut und Blut, Leib, Seel und Leben
Ist nicht mein. Gott allein
Ist es, der's gegeben.
Will er's wieder zu sich kehren,
Nehm er's hin. Ich will ihn
Dannoch fröhlich ehren.

4. Schickt er mir mein Kreuz zu tragen,
Dringt herein Angst und Pein,
Sollt' ich drum verzagen?
Der es schickt, der wird es wenden.
Er weiß wohl, Wie er soll
All mein Unglück enden.

5. GOtt hat mich bei guten Tagen
Oft ergötzt. Sollt' ich jetzt
Nicht auch etwas tragen?
Fromm ist Gott und schärft mit Maßen
Sein Gericht, Kann mich nicht
Ganz und gar verlassen.

6. Satan, Welt und ihre Rotten
Können mir Nichts mehr hier.
Tun, als meiner spotten.
Lass sie spotten, lass sie lachen!
Gott, mein Heil Wird in Eil
Sie zu Schanden machen.

7. Unverzagt und ohne Grauen
Soll ein Christ, Wo er ist
Stets sich lassen schauen.
Wollt' ihn auch der Tod aufreiben,
Soll der Mut Dannoch gut
Und fein stille bleiben.

8. Kann uns doch kein Tod nicht töten,
Sondern reißt Unsern Geist
Aus viel tausend Nöten;
Schleußt das Tor des bittern Leiden
Und macht Bahn, Da man kann
Gehn zur Himmelsfreuden.

9. Allda will in süßen Schätzen
Ich mein Herz   Auf den Schmerz
Ewiglich ergötzen.
Hier ist kein recht Gut zu finden!
Was die Welt   In sich hält,
Muss im Hui verschwinden.

10. Was sind dieses Lebens Güter?
Eine Hand   Voller Sand,
Kummer der Gemüter.
Dort, dort sind die edlen Gaben,
Da mein Hirt   Christus wird
Mich ohn' Ende laben.

11. HErr mein Hirt, Brunn aller Freuden
Du bist mein,   Ich bin dein,
Niemand kann uns scheiden.
Ich bin dein, weil du dein Leben
Und dein Blut   mir zu gut
In den Tod gegeben.

12. Du bist mein, weil ich dich fasse
Und dich nicht,   O mein Licht,
Aus dem Herzen lasse!
Lass mich, lass mich hingelangen,
Da du mich   Und ich dich
Lieblich werd' umfangen.

Angaben zum Lied

EG 370; 12 Strophen, achtzeilig mit zwei Kurzzeilenpaaren (Sonderform); Reimschema: abbacddc
Erstmals erschienen 1653 in PPM in der Rubrik »Vom Christlichen Leben und Wandel« mit der Überschrift *Christliches Freudenlied*. Entstehung unbekannt. Melodiezuweisung im EG: Joh. Georg Ebeling in GA 1666. Crüger hatte eine eigene Melodie in Moll vorgesehen, die sich nicht durchgesetzt hat.

Interpretation

Wie beim zeitgleich veröffentlichten Weihnachtslied *Fröhlich soll mein Herze springen* (EG 36) liegt hier eine von Gerhardt geschaffene, spezielle Strophenform vor, die zwei jeweils nur dreisilbige Kurzzeilenpaare enthält (Zeile 2/3 und 6/7). Motiviert ist dies wohl durch die sogenannte (mittelalterliche) Verlöbnisformel *Ich bin dein/Du bist mein,* die in Strophe 11 zitiert wird als verdichteter Ausdruck engster Gemeinschaft von Christ(in) und Christus. Schon in der vorreformatorischen Mystik spielte diese Formel eine zentrale Rolle. Insofern ist dieses Lied exponiertes Beispiel der Mystikrezeption Gerhardts bis in die sprachliche Gestaltung hinein. Bei den Kurzzeilen fehlt gewissermaßen eine unbetonte Silbe dazwischen: Zwischen Christus und Christenmensch passt kein Blatt. Inhaltlich signifikant ist, dass die Begründung dafür mit dem vorgängigen Erlösungshandeln Christi im Tod am Kreuz (Str. 11) einsetzt. Erst das Werk Christi ermöglicht das *Umfangen* Jesu durch das gläubige *Ich* (Str. 12).

Der Liedbeginn mit einer Dreierkette von rhetorischen (also inhaltlich abwegigen) Fragen wirkt stark suggestiv (vgl. auch Str. 4 und 5). Im Kontrast zur Überschrift *Freudenlied* erscheint das erste Verb *grämen* als widersinnig. »Wenn ich nur dich habe, so frage ich nichts nach Himmel und Erde« (Psalm 73, 25) steht hinter der ersten Kurzzeile mit der prägnanten (Anti-)These zur Eingangsfrage. Auch im Weiteren sind Bibelwortanklänge deutlich zu vernehmen, etwa Hiob 1,21 in Strophe 2, Hiob 2,10 in Strophe 3 und vor allem Römer 8,39 in *Niemand kann uns scheiden* (Str. 11). Mit einem sprachlichen Feuerwerk, überwiegend in knappen einsilbigen Worten vorgetragen, wird alles in die Schranken verwiesen, was im Glauben irremachen könnte, namentlich Tod und Sterben. *Unverzagt* sein (erstes Wort Str. 7) – ein Schlüsselwort bei Gerhardt – ist Kennzeichen der Christen, *Verzagen* (Str. 4) wäre abwegig. Mit Strophe 8 – Stilmittel der doppelten Verneinung in der Anfangszeile! – soll einer Überlieferung nach Gerhardt sich selbst im Sterben getröstet haben. Nur hier steht das Wort *Freude* aus der Überschrift – am Strophenende! –, signifikant in der Wortschöpfung *Himmelsfreude*, denn Ort wahrer Freude ist allein der *Himmel* (vgl. Str. 1) und damit Sehnsuchtsort aller Christen. So endet auch dieses Lied mit einer durch Wortwiederholung dringlichen Bitte – um seliges Sterben als *hingelangen*. Die im himmlischen Ziel erreichte »unio mystica« von Christus und Christ(in) ist ins Bild der wechselseitigen Umarmung gefasst.

J. S. Bach hat den zweiten Teil seiner Motette *Fürchte dich nicht* BWV 228 mit den Strophen 11 und 12 dieses Liedes gestaltet. Der Sopran singt beide sprachlich verzahnten Liedstrophen (in einer eigenen Melodievariante), die drei Unterstimmen gestalten eine Fuge zum *Fürchte dich nicht*-Wort Jesaja 43,1 mit dessen Pointe, die jeweils markant zu hören ist »Du bist mein«.

„Christliches Freuden=Lied“, in: Pauli Gerhardi Geistliche Andachten. 2 […], Hervor gegeben und verlegt Von Johan Georg Ebeling, gedruckt bei Erasmus Rösner, Franckfurt an der Oder 1666 [erschienen] 1667

Interpretation VI –
Von Kindern hat man große Lust

1. Von Kindern hat man große Lust.
Hinwieder hat man, wie bewusst,
Auch von den Kindern großes Leid,
Wenn Gott, nachdem er uns erfreut,
Sie uns aus unsern Augen reißt
Und von der Erden wandern heißt.

2. Da klagt der Vater: Ach, mein Kind!
Der Mutter Auge tränt und rinnt.
Die ganze Freundschaft wird betrübt
Und was uns jemals hat geliebt,
Das stimmt, so gut ein jeder kann,
Sein Trauerliedlein mit uns an.

3. Der eine legt die Jahr zuhauf
Und zählt des Lebens kurzen Lauf,
Der andre lobt das junge Blut
Und rühmt des Kindes frommen Mut,
Der Dritte sucht die Lehrbegier
Und heilgen Betensfleiß herfür.

4. Nicht sag ich, dass das unrecht sei,
Doch denk ich gleichwohl auch dabei,
Dass, da wir uns nur lauter Pein
Und Schad und Unglück bilden ein,
Solch und dergleichen Kinder Weh
In höchster Freud und Wohlfahrt steh.

5. Es fällt das Kind und
fällt doch nicht,
Stirbt hin und
kömmt dadurch zum Licht.
Es geht zur schnöden Welt hinaus
Und fährt ins ewgen Vaters Haus,
Gibt allem Herzleid gute Nacht
Und erbt das Reich, da alles lacht.

6. Da sitzt es recht in Gottes Schoß,
Ist alles Grams und Kummers los,
Sieht nichts als lauter Freud und Fried,
und hört der Engel schönstes Lied.
Sein Mündlein lernt auch
selbst die Weis'
und schickt sich mit zu Gottes Preis.

7. Ich weiß in dieser ganzen Welt
Kein Königsschloss, kein Fürstenzelt,
Da man in größer Wollust schweb
Und da das Herze süßer leb.
In allem Leben find sich Not,
Hier aber lebt man ohne Tod.

8. O bist du da, du liebes Herz?
So weicht, ihr Tränen, fleuch,
du Schmerz!
Hast du dein Erb im Himmelreich,
Ist deine Seel den Engeln gleich
und drückt Gott selbst dich
an die Brust?
So bleibst du auch tot unsre Lust.

SEIDELIANA DOMIDUCTIO SPIRITUALIS. Geistliche Seelen Heim fahrt […], Runge, Berlin 1663 (Leichenpredigt zur Bestattung von Hendrina Magdalena Seidel von Probst Georg Lilie am 5. Oktober 1662)

Angaben zum Lied

Wiederaufgefunden erst 2024; 8 Strophen, sechszeilig;
Reimschema: aabbcc
In einem Separatdruck erschienen, verfasst zur Bestattung der im sechsten Lebensjahr verstorbenen HENDRINA MAGDALENA SEIDEL in der St. Nikolai-Kirche Berlin im September 1662. Intendierte Melodiezuweisung: wahrscheinlich *Vater unser im Himmelreich* (EG 344, M. Luther 1539).

Interpretation

Todesfälle waren für Gerhardt öfter Anlass, ein »Trostlied« oder »Trostgedicht« zu verfassen und zu publizieren. Zum Tod namentlich von Kindern waren von ihm bisher fünf Gesänge bekannt. Nun ist ein weiteres entdeckt worden. Der Tod dieses Mädchens aus einer angesehenen Berliner Familie (mit Familiengruft in der St. Nikolai-Kirche) motivierte zu über 24 Trauergedichten (»Epicedien«), davon 18 in lateinischer Sprache, die in drei verschiedenen Editionen publiziert wurden. Gerhardts Beitrag erschien allerdings in einem Separatdruck.

Wahrscheinlich spielt Gerhardt in Strophe 2 und 3 auf diese Flut von *Trauerliedlein* bei diesem Todesfall an. Ihm geht es darum, den gleich beim Liedbeginn als Kindstod-Erfahrung gesetzten Kontrast *Lust/ Leid* umzukehren in der Betrachtung »sub specie aeternitatis« (aus dem Blickwinkel der Ewigkeit). In dieser Sichtweise hat das verstorbene Kind sozusagen das große Los gezogen. Es ist nun in der reinen Sphäre des *Lichts*, im Reich des *Lachens* (Str. 5), hört den Gesang der Engel und lernt sogar da mitzusingen (Str. 6). Im Gegenüber zur irdischen *Lust* (von Eltern) an Kindern (Liedbeginn) spricht Gerhardt kühn von größter *Wollust* im Himmel. Und das Wissen um die Teilhabe des verstorbenen Kindes daran hebt die Verkehrung von *Lust* in *Leid* bei den Hinterbliebenen auf. Auch hier steht am Ende ein starkes Bild für die intime Gottesgemeinschaft im Himmel: Gott, der himmlische Vater, drückt das Kind jetzt selbst an seine *Brust*.

Den Namen des Kindes hat Gerhardt natürlich als Anagramm eingeschrieben, den ersten Vornamen gleich doppelt:

Von K**INDERN H**at m**A**n große Lust	**HENDRINA**
HINwie**DER** h**A**t ma**N**, wie bewusst	**HENDRINA**

In der ersten Liedzeile kann man auch den zweiten Vornamen identifizieren:

Von Kin**DE**rn h**A**t **MAN Gr**oße **L**ust	**MAGDALEN(A)**

In der dritten Liedzeile steckt der Nachname:

... groß**ES LEID**	**SEIDEL**

Vielleicht war »LENA« der Rufname, was das Sprachspiel mit den L-Worten motiviert haben könnte. »LENA« lässt sich finden in Wendungen wie »In **A**llem **LE**be**N** und **LE**bt m**AN**« (Str. 7), ebenso pointiert am Liedschluss »[...] **A**uch tot u**N**sr**E L**ust«.

„Von Kindern hat man große Lust", Strophe 8 mit Luther-Melodie

Gerhardts Gedichte in Werkausgaben

Gerhardts Lieder traten in die Welt im Dienst der »Frömmigkeit« über Crügers Gesangbuch *PRAXIS PIETATIS MELICA*, inmitten einer Vielzahl von Gesängen aus älterer und neuer Zeit, als Gerhardt-Lieder kenntlich durch den (oft abgekürzten) Autorennamen am Ende eines Liedtextes.

Ebelings Werkausgabe 1666/67 mit 120 Liedern war dann eine Autoren-Edition, wie es bei den Zeitgenossen üblich war. Sie ging wohl gar nicht auf die Initiative Gerhardts zurück und wäre ohne die kirchenpolitische Konfliktlage im »Berliner Kirchenstreit« vielleicht gar nicht zustande gekommen. So aber wurde seitens der großen Schar der Sponsoren ein Zeichen gesetzt, nicht nur »pro Paul Gerhardt«, sondern auch für den im Singen und Musizieren *unverzagten* lutherischen Glauben.

Paulus Gerhardts geistliche Lieder: historisch-kritische Ausgabe, hrsg. von Johann Friedrich Bachmann, Oehmigke, Berlin 1866, Titelbild mit Porträt und Handschrift Paul Gerhardts

Die dann 1707 vom Zerbster Superintendenten Johann Heinrich Feustking (1672–1713) vorgelegte Gesamtausgabe war eine reine Textedition und erhob den Anspruch, unter Verwendung eines vom Sohn Gerhardts zugespielten Handexemplars des Dichters die definitiven Textfassungen zu liefern. Beim Pfingstlied *Zeuch ein zu deinen Toren* (EG 133) sind hier zusätzliche Strophen abgedruckt, die sich sonst nirgends finden. Allerdings wird der Quellenwert der Textvarianten in dieser Ausgabe heute kritisch beurteilt. Zum 200-jährigen Reformationsjubiläum 1717 erschien eine Neuauflage in Wittenberg. Auch mit Hilfe des hierfür angefertigten Porträt-Stichs und der Inschrift dazu (vgl. S. 54) wurde Paul Gerhardt jetzt »gepuscht« als Vorbild lutherischen Glaubenseifers in Auseinandersetzung mit satanischen Kräften. Eine weitere Neuauflage erschien 1723.

Nach den genannten Gerhardt-Editionen in Privatinitiative ab 1817 (vgl. S. 127) erarbeitete der Berliner Konsistorialrat und Hymnologe Johann Friedrich Bachmann (1799–1876) in wissenschaftlicher Gründlichkeit eine erste »historisch-kritische« Gesamtausgabe, die 1866 erschien. Enthalten waren nur die Liedtexte, allerdings erweitert um die bis dahin bekannt gewordenen lateinischen und deutschen Kasualgedichte (z. B. zu Sterbefällen). Bei den Textvarianten gab Bachmann der ältesten ihm bekannten Druckversion den Vorzug, entschied sich also für die PPM-Fassungen gegen Feustking wie Ebeling.

Da den Eisenacher Kernliedern von 1854 die Ebeling-Versionen zugrunde lagen (nach der weit verbreiteten Handbuch-Ausgabe Wackernagels von 1843ff.), übernahmen viele in der Folgezeit erarbeitete Landesgesangbücher diese. Erst im 20. Jahrhundert setzte sich als »Urtext«-Prinzip die Rückkehr zu den Erstdruck-Fassungen in PPM durch.

Das 20. Jahrhundert hat als eigenständige Werkausgabe nur die 1949 und 1957 aufgelegte Edition des Kunsthistorikers Eberhard von Cranach-Sichart (1886–1967) zu bieten, die ebenfalls die Erstdrucke favorisierte und neu identifizierte Gerhardt-Texte ergänzte. Jetzt zum 350. Todestag 2026 wird mit Unterstützung der Deutschen Forschungsgemeinschaft in Hamburg und Rostock (Johann Anselm Steiger, Oliver Huck, Stefanie Arend) eine historisch-kritische Gesamtausgabe nach modernen wissenschaftlichen Standards erarbeitet, die dann auch allgemein zugänglich sein wird (open access). Hier wird als Primärtext die Ebeling-Ausgabe gelten inklusive ihrer musikalischen Gestaltung.

Gerhardts Lieder in musikalischer Verarbeitung – Barock | J. S. Bach

Während im privaten wie kirchlichen Gebrauch Gerhardts Lieder über die Gesangbücher große Verbreitung fanden, gesungen in der Regel nach den da angezeigten Melodien, blieb die künstlerische Auseinandersetzung mit ihnen zunächst zurückhaltend. Da die Lieder nicht zum altprotestantischen Kanon gehörten, sind im Barock, der Blütezeit protestantischer Kirchenmusik, keine Choralbearbeitungen für Orgel zu Gerhardt-Liedern zu konstatieren, im Vokalbereich nur wenige Kantaten – etwa von Dietrich Buxtehude (um 1637–1707) *Wie soll ich dich empfangen* (ohne Bezug zur Crüger-Melodie).

Auch bei Johann Sebastian Bach (1685–1750) spielten Gerhardt-Lieder, abgesehen von der nicht datierbaren Motette *Fürchte dich nicht* BWV 228, zunächst keine große Rolle. Das für seine Arbeit als Thomaskantor in Leipzig maßgebliche Gesangbuch *Vopelius*, ediert 1682, enthielt nur zwei Gerhardt-Titel, das bekannte Tandem Morgen- und Abendlied (vgl. Interpretation VII und IX). Bei Bachs ambitioniertem Projekt »Choralkantaten« im zweiten Leipziger Amtsjahr (ab Sommer 1724) kam nur ein (heute unbekanntes) Gerhardt-Lied zum Zug – *Ich hab in Gottes Herz und Sinn* (BWV 92) zur Melodie *Was mein Gott will, das g'scheh allzeit*. Bei dieser ungewöhnlich langen Kantate zeigt sich, dass die ausgefeilten Gerhardt-Texte sich sperren gegen die für Bachs Konzept erforderliche Transformation in Rezitativ- und Arienform. Bei den nach Ostern 1725 benutzten Libretti der Leipziger Poetin Christiane Mariane von Ziegler (1695–1760) tauchen dann vermehrt Gerhardt-Strophen als Schlusschoral auf. Jetzt war auch das neue *Dreßdenische Gesangbuch* mit 102 Gerhardt-Liedern erschienen. Während die am Karfreitag 1724 erstmals aufgeführte Johannes-Passion nur eine Gerhardt-Strophe enthielt, wurden es in der wohl 1727 erstmals

»Ich steh an deiner Krippen hier« im Satz von J. S. Bach, in: Musicalisches Gesang-Buch, Darinnen 954 geistreiche, sowohl alte als neue Lieder und Arien, mit wohlgesetzten Melodien, in Discant und Baß, befindlich sind; Vornehmlich denen Evangelischen Gemeinen im Stifte, Naumburg-Zeitz gewidmet, hrsg. von Georg Christian Schemelli, Bernhard Christoph Breitkopf, Leipzig 1736

gegebenen Matthäus-Passion vier (aus drei Liedern), besonders eindrücklich nach »und neigte das Haupt und verschied« *Wenn ich einmal soll scheiden* (aus *O Haupt voll Blut und Wunden*). Während Bach bei dieser Passion die Choräle wohl selbst ausgesucht hat, könnte bei der Markus-Passion (1731) mit drei Gerhardt-Strophen und beim Weihnachtsoratorium (1734) mit fünf Strophen auch Librettist Picander verantwortlich sein. Außer beim Eingangssatz der Choralkantate BWV 92 handelt es sich stets (nur) um vierstimmige Choralsätze. Diese Satzform repräsentiert im Kontext der Kunstmusik den Gemeindegesang und spiegelt insofern die allgemeine Bedeutung der Gerhardt-Lieder. Auch in nach 1720 entstandenen Kantaten anderer Komponisten sind vereinzelt Gerhardt-Strophen als »Choral« zu finden.

Einen Gerhardt-Clou gelandet hat Bach mit seiner Fassung von *Ich steh an deiner Krippen hier* im von ihm 1736 musikalisch redigierten Gesangbuch des Zeitzer Hofkantors Schemelli. Da es sonst keinen Nachweis für diese Melodie gibt, muss man davon ausgehen, dass nicht nur die Harmonisierung, sondern auch die Melodie hier von Bach stammt. Sie ist im Gestus einer Solo-Aria (inkl. Triller) gehalten und rechnet mit dem Gegenüber eines »walking-bass« in Achteln. Auch ohne Triller und Achtelbass ist sie im 20. Jahrhundert gesangbuchfähig geworden (EG 37, GL 256) und hat die Beliebtheit des Liedes entschieden befördert.

Gerhardts Lieder in musikalischer Verarbeitung – 19. Jahrhundert | F. Mergner

Wie bei den Werkausgaben wurde Gerhardt auch in der Kunstmusik des 19. Jahrhunderts erst nach und nach entdeckt. Die 1830 komponierte Choralkantate zu *O Haupt voll Blut und Wunden* des jungen Felix Mendelssohn Bartholdy (1809–1847) war durch ein italienisches (!) Gemälde inspiriert und erlaubte sich noch freie Textumdichtung in rationalistischer Manier.

Entscheidend wurde allerdings Mendelssohns Berliner Wiederaufführung von Bachs Matthäus-Passion (1829) und namentlich seine Idee, unmittelbar nach dem Bericht vom Tod Jesu den Choral *Wenn ich einmal soll scheiden* ohne Instrumente im Pianissimo des Chores und sehr langsam als Herzstück der ganzen Passion zu zelebrieren, wie es bald bei den vielerorts folgenden Aufführungen des Werkes üblich wurde. So erhielt im Zuge der Bach-Begeisterung diese Gerhardt-Strophe den Status eines Schlüsseltextes für bürgerliche Frömmigkeit.

Unbekannter Fotograf: Friedrich Mergner, o. J., bayerischer Pfarrer und Komponist

Die Melodie dieses Liedes war aber auch mit *Befiehl du deine Wege* verbunden, was zum beliebten Vertrauenslied avancierte. So kam es zu zahlreichen Orgelkompositionen mit dem Titel *Befiehl du deine Wege*, sogar einer für den Konzertgebrauch konzipierten Orgelsonate von Jan

Albert van Eyken (1823–1868). Auch das Abendlied *Nun ruhen alle Wälder*, anschlussfähig für romantisches Empfinden, inspirierte viele Orgelkomponisten.

Als zum Ende des 19. Jahrhunderts das kirchliche Chorwesen aufblühte, wurden für den Bedarf an praktikabler Chorliteratur gerne Liedstrophen Gerhardts vertont, etwa vom Berliner Domkantor Albert Becker (1834–1899), vom Berliner Kompositionsprofessor Heinrich von Herzogenberg (1843–1900) oder von dessen Berliner Kollegen Max Bruch (1838–1920). Der Komponist großer Choralfantasien für Orgel, Max Reger (1873–1916), bediente zwar kein Gerhardt-Lied mit dieser Form, schrieb aber auf Anregung des Straßburger Theologieprofessors Friedrich Spitta (1852–1924) für den kirchlichen Gebrauch eine Choralkantate zu *O Haupt voll Blut und Wunden* über alle Strophen.

Ein eigenes Phänomen der Gerhardt-Rezeption im 19. Jahrhundert ist der bayerische Musikerpfarrer Friedrich Mergner (1818–1891). Zum 200. Todesjahr Gerhardts 1876 erschien von ihm eine Art musikalische Werkausgabe *Paulus Gerhardts Geistliche Lieder in neuen Weisen* mit 136 eigenen Vertonungen zu 122 Liedern. Es sind Liedweisen mit Klavierbegleitung, einige Lieder mehrfach vertont, wie er sie primär für sich selbst komponiert hatte. »Meine Sanglust zu ihnen erwachte im Kreuz und wurde wachgehalten durch Kreuz«, benannte er als Motivation. Mergners nicht einfaches Leben als Pfarrer wie Familienvater verlief in manchem analog zu dem Gerhardts (Anfeindung wegen dezidiert lutherischer Haltung, Kindersterben). In Gerhardts Texten fand er seine geistliche Heimat, und mit seinen eigenen Melodien dazu konnte er sich selber trösten. Erst eine etwas handlichere Neuedition durch den Mergner-Fan Friedrich Spitta zu dessen 100. Geburtstag 1918 fand etwas weitere Verbreitung.

Gerhardts Lieder in musikalischer Verarbeitung – 20./21. Jahrhundert | E. Pepping

Nach einem Gerhardt-Hype zum 300. Geburtstag 1907 war nach 1918 die betonte Rückwendung der kirchlichen Singbewegung zum reformatorischen Liedgut der Rezeption der Gerhardt-Lieder nicht mehr günstig. Unter der Dominanz gemeinschaftlichen oder auch »völkischen« Denkens hatten seine »Ich-Lieder« keinen guten Stand. Allerdings führten dann die Kriegserfahrungen und auch die Isolation von gläubigen Menschen im Nationalsozialismus bis hin zu Gefangenschaft (etwa bei Dietrich Bonhoeffer) zu einer neuen Wertschätzung von Gerhardts Liedern.

So widmete sich der Berliner Komponist Ernst Pepping (1901–1981) in der schweren Zeit nach Kriegsende über die Jahreswende 1945/46 den Texten Gerhardts und schuf als »Trostbuch« ein *Liederbuch nach Gedichten von Paul Gerhardt.* Es enthält zwölf umfängliche Vertonungen in der Form des Klavierliedes mit anspruchsvollem Gesangs- wie Klavierpart. Anders als beim Strophenlied mit gleichbleibender Melodie (so auch bei Mergner) konnte er die inhaltliche Vielschichtigkeit und Dynamik der durchkomponierten Texte umsetzen und neu interpretieren. Diesen Weg des die Strophen durchgestaltenden Kunstliedes hat erst 75 Jahre später der Fürther Komponist Uwe Strübing (Jg. 1956) wieder eingeschlagen mit inzwischen vier großen Gerhardt-Liedern, *Geh aus mein Herz* sogar mit Klavier und Streichquartett besetzt und komplett durchkomponiert.

Die Konsolidierung der kirchlichen Musikpraxis nach 1950 mit professioneller Ausbildung der Kirchenmusiker und breitgefächerten Notenangeboten brachte eine Fülle von Musik zu Paul-Gerhardt-Liedern mit sich, in der Orgelliteratur (Choralvorspiele, auch größere Formate fürs Konzert) wie in der Chormusik (Liedsätze und Kantaten). Zum

400. Geburtstag 2007 erschien ein *Paul-Gerhardt-Chorbuch* (Strube-Verlag), das ein breites Repertoire von Johann Crüger bis zu Zeitgenossen erschließt.

Überraschende neue Zugänge zu Gerhardts Liedern von außerhalb der Kirchenmusik-Szene sind immer wieder zu konstatieren, etwa wenn der Komponist Jörg Widmann (Jg. 1973) in seiner großen Auftragskomposition *Kantate* für das Bachfest Leipzig 2023 am Ende zu einem *Halleluja* Strophen aus Gerhardts Danklied für den Frieden 1648 einspielt: *Gottlob, nun ist erschollen das edle Friedenswort*.

Sollt ich meinem Gott nicht singen. Paul-Gerhardt-Chorbuch, hrsg. von Christian Finke, Strube-Verlag, München 2007, Umschlag

Der Knabenchor Hannover hat zu seinem 75. Geburtstag 2025 ein *Paul-Gerhardt-Projekt* präsentiert mit Neukompositionen verschiedener Stilistik zu zahlreichen bekannten Liedern, darunter auch Choralchöre nach Bach'schem Muster für Barockorchester. Was J. S. Bach bei seinem Choralkantatenjahrgang versäumt hat, ist hier teilweise nachgeholt, z. B. ein großer Eingangschor zu *Fröhlich soll mein Herze springen* mit der bekannten Crüger-Melodie, komponiert von Johannes Kohlmann (Jg. 1983).

Gerhardts Lieder in der Popkultur

Im Jubiläumsjahr 2007 hat Furore gemacht, dass die Jazz- und Soulsängerin Sarah Kaiser (Jg. 1974) mit einem Gerhardt-Programm auf Tour ging, das auf den CDs »Gast auf Erden – Paul Gerhardt neu entdeckt« (2003) und »Geistesgegenwart« (2007) verfügbar gemacht wurde. In hoch professionellen Arrangements wurden bekannte Gerhardt-Lieder in ungewohntem, modernem musikalischen Setting präsentiert, mal mehr, mal weniger weit von den gängigen Melodien entfernt, als durchaus persönliches Bekenntnis der Sängerin zu Gerhardts Texten. Sarah Kaiser tourt mit diesem Programm seit 2003 immer wieder durch Deutschland und die Welt und spielte diese Lieder sogar bereits in Afrika.

Gleichfalls hoch artifiziell sind die Arrangements für Chor und Combo, die für das Jubiläumsprojekt des Knabenchors Hannover 2025 im Spektrum zwischen Jazz-Stilistik und Ethno-Pop vorgenommen wurden. Die Darbietung am Ende des Deutschen Evangelischen Kirchentags in Hannover im Mai 2025 begeisterte weit über tausend Besucher.

Im »Liederschatz-Projekt« haben sich Musikformationen, die ansonsten in der Praisesong-Szene unterwegs sind, alten Liedern zugewandt und diese mit Arrangements im ihnen vertrauten, modernen Pop-Stil versehen. Bei der »Best of«-Zusammenstellung auf einer Doppel-CD unter dem Motto »So schön können Choräle sein!« werden 26 Kirchenlieder präsentiert, sechs davon sind Gerhardt-Gesänge. Unter den sechs Einzel-CDs gibt es auch eine reine Paul-Gerhardt-Scheibe mit zwölf Liedtiteln, was bei keinem anderen Liederdichter der Fall ist.

Orgelkompositionen zu Kirchenliedern haben längst das stilistische Ghetto der Nachkriegszeit verlassen und nutzen vermehrt popmusikalische Muster. Dabei sind Gerhardt-Lieder als »Popsongs«, eben weit verbreitete und gern gesungene Lieder, ein häufiges Sujet. Namentlich die Popversionen zur Harder/Eickhoff-Melodie von *Geh aus, mein Herz, und suche Freud* sind inzwischen Legion …

Sarah Kaiser: »Gast auf Erden – Paul Gerhardt neu entdeckt« Cover der CD, 2003 Mithilfe des QR-Codes auf dem CD-Cover kann die Musik der Liedtitel heruntergeladen werden.

Paul Gerhardt in der modernen Literatur

Paul Gerhardt spielt nicht nur für kirchliche Praxis und individuelle Frömmigkeitsausübung eine große Rolle, in seiner Sprachmächtigkeit wirkt er auch im weiteren Horizont der allgemeinen deutschen Sprachkultur.

Schon in den ersten Anthologien zu den Zeugnissen deutscher Sprache fand er seinen Platz, etwa in der *Bibliothek deutscher Dichter des siebzehnten Jahrhunderts*, ediert ab 1822 von Wilhelm Müller, dem Dichter von Schuberts Liedzyklen *Die schöne Müllerin* und *Winterreise*. Hier wurden 23 Gedichte abgedruckt, mehr als von jedem anderen Barockdichter.

Deutsche Dichter und Literaten ließen sich immer wieder neu von Gerhardt inspirieren. Theodor Fontane (1819–1898) wanderte gerade auch auf den Spuren Gerhardts durch die Mark Brandenburg. Zahlreiche Gehrhardt-Bezüge gibt es im Werk der Brüder Thomas und Heinrich Mann. In den *Buddenbrooks* spielen an verschiedenen Stellen Gerhardt-Lieder und -Zitate eine zentrale Rolle. In Heinrich Manns *Professor Unrat* wird *Sollt ich meinem Gott nicht singen* sogar im Rotlicht-Bezirk des »Blauen Engel« zitiert, und der Name der Protagonistin Rosa Fröhlich spielt an auf die zweite Liedzeile *sollt ich ihm nicht <u>fröhlich</u> sein*, wie es in der in Lübeck gebräuchlichen Gesangbuchversion (nach Ebeling) hieß. So stehen tiefsinnige Gerhardt-Anspielung und Satire einander gegenüber.

In Parodierungen von bekannten Gerhardt-Texten oder klar erkennbaren Anspielungen kommt es immer wieder zu ironischen oder auch satirischen Bezugnahmen, etwa wenn der fast namensgleiche Robert Gernhardt (1937–2006) seine Krebserkrankung thematisiert (*Später Spagat*, 2006). Der Liedermacher Gerhard Schöne (Jg. 1952) parodiert Gerhardts *Ich bin ein Gast auf Erden* (EG 529) tiefsinnig im Blick auf die Umweltproblematik.

Günter Grass (1927–2015) hat in seiner berühmten Erzählung *Das Treffen in Telgte* (1979) über ein fiktives Friedenssymposion 1647 dem Dichter Gerhardt als Frömmstem von allen natürlich auch einen »Auftritt« verschafft. Viele Literaten haben seither in diversen Formaten explizit oder implizit Stellung zu Paul Gerhardt bezogen: Albrecht Goes, Gabriele Wohmann, Erwin Strittmatter, Eva Zeller, Helga Schubert …

Günter Grass: Skizze zu »Das Treffen in Telgte«, Wewelsfleth, 1977
In seiner Erzählung aus dem Jahr 1979 schildert Grass ein fiktives Treffen deutscher Dichter und Schriftsteller in Telgte im Jahre 1647. Es ist eine verschlüsselte Darstellung der Treffen der Gruppe 47 nach dem Zweiten Weltkrieg. Paul Gerhardt gehört in der Erzählung zu den 21 Teilnehmern.

LIEDBEISPIELE III

Interpretation VII – *Wach auf, mein Herz, und singe*

1. Wach auf, mein Herz, und singe
Dem Schöpfer aller Dinge,
Dem Geber aller Güter,
Dem frommen Menschenhüter.

2. Heint, als die dunklen Schatten
Mich ganz umfangen hatten,
Hat Satan mein begehret,
Gott aber hat's verwehret.

3. Ja, Vater, als er suchte,
Dass er mich fressen möchte,
War ich in deinem Schoße,
Dein Flügel mich beschlosse.

4. Du sprachst: Mein Kind, nun liege
Trotz dem, der dich betrüge.
Schlaf wohl, lass dir nicht grauen,
Du sollst die Sonne schauen.

5. Dein Wort, das ist geschehen.
Ich kann das Licht noch sehen.
Von Not bin ich befreiet,
Dein Schutz hat mich verneuet.

6. Du willst ein Opfer haben,
Hier bring ich meine Gaben.
Mein Weihrauch, Farr und Widder
Sind mein Gebet und Lieder.

7. Die wirst du nicht verschmähen,
Du kannst ins Herze sehen
Und weißest, dass zur Gabe
Ich ja nicht Bessers habe.

8. So wollst du nun vollenden
Dein Werk an mir und senden,
Der mich an diesem Tage
Auf seinen Händen trage.

9. Sprich ja zu meinen Taten,
Hilf selbst das Beste raten.
Den Anfang, Mitt' und Ende,
Ach Herr, zum Besten wende!

10. Mit Segen mich beschütte.
Mein Herz sei deine Hütte.
Dein Wort sei meine Speise,
Bis ich gen Himmel reise.

Sprachliche Hinweise:
Str. 2,1 *Heint* meint *heute Nacht*
Str. 5,2 *noch* ist nicht einschränkend, sondern positiv im Sinne von *weiter*

1

Der Erste Theil dieses Buches:
In welchem verfasset
Tägliche Morgen-Abend- und Bußgesänge:
Item/
Von der Rechtfertigung.

Tägliche Morgengesänge.

1.

WAch auf/ mein Hertz/ und singe Dem Schöpfer aller Dinge/ Dem Gäber aller Güter/ Dem frommen Menschenhüter.

2. Heint/ als die tunckle Schatten Mich gantz umbgeben hatten/ Hat Satan mein begehret/ GOtt aber hats gewehret.

3. Ja Vater/ als er suchte/ Daß er mich fressen muchte/ War ich in deinem Schoosse/ Dein Flügel mich beschlosse.

4. Du sprachst: Mein Kind/ nu lige/ Trotz dem/ der dich betriege/ Schlaff wol/ laß dir nicht grauen/ Du solt die Sonne schauen.

5. Dein Wort/ das ist geschehen: Ich kan das Licht noch sehen/ Für Noth bin ich befreyet/ Dein Schutz hat mich verneuet.

6. Du wilt ein Opffer haben: Hie bring ich meine Gaben:

B Mein

„Wach auf, mein Herz und singe", in: Johann Crüger, PRAXIS PIETATIS MELICA, Das ist://Übung der Gottse-//ligkeit in Christlichen und Trost-//reichen Gesängen/// Herrn D. Martin Lutheri 12. Auflage Berlin: Christoff Runge, 1666, S. 1
In den meisten PPM-Ausgaben steht dieses Lied ganz am Anfang.

Angaben zum Lied

EG 446 (ohne Str. 3); 10 Strophen, vierzeilig; Reimschema: aabb
Erstmals gedruckt bereits 1647 in PPM als erstes Lied des Gesangbuchs, Rubrik »Tägliche Morgengesänge«. Entstehungszeit nicht nachweisbar, evtl. zum Morgengebet in Gerhardts Berliner Gastfamilie bestimmt. Melodiezuweisung: *Nun lasst uns Gott, dem Herren* (s. EG 320, hier auch Crügers vierstimmiger Vokalsatz dazu).

Interpretation

Gerhardt hat sicher bewusst für dieses Morgenlied die schlichte Liedform mit vier kurzen, nur dreihebigen Zeilen gewählt, die mit dem seinerzeit sehr bekannten Danklied *Nun lasst uns Gott, dem Herren, Dank sagen und ihn ehren* (1587) verbunden war. Sein Lied verbindet in elementarer Weise den Dank für die Bewahrung in der Nacht mit der Bitte um ein gelingendes Tagwerk unter dem Segen und im Geleit Gottes. Im Hintergrund steht Luthers Morgensegen als alltägliches Morgengebet. Auch dort wird die Nacht als Sphäre der Bedrohung angesprochen: »dass du mich diese Nacht vor allem Schaden und Gefahr behütet hast«. Egal, ob man mit Luther und Gerhardt überall den Satan (Luther: »böse[r] Feind«) am Werk sieht, der die Menschen sogar *fressen* will (Str. 3) – ein angstfreier Schlaf und das Aufwachen am Morgen sind ein hohes Gut und Grund zur Dankbarkeit. Die Bewahrung durch Gott in der Nacht beschreibt Gerhardt als Wortgeschehen: Gott selbst spricht am Abend das *Schlaf wohl*. Und jeder Morgen wird zum neuen Schöpfungsmorgen durch das *Wort* Gottes (Str. 5). Das Morgen*licht* (Str. 5) zu sehen, die *Sonne* zu schauen (Str. 4) erhält darüber hinaus den Status einer Christusbegegnung, denn Christus ist das Licht der Welt, die wahre Sonne. Dafür gebührt Gott ein »Dank-Opfer« (Str. 6), das nicht mehr mit Opfertieren vollzogen wird wie im Alten Bund (*Farren und Widder*), sondern mit Gebeten und Liedern, die aus dem *Herzen* kommen.

Wach auf, mein Herz – lautet so der Anfangsappell (nach Psalm 57,8). Als äußerliche Pflichtübung wäre das morgendliche *Singen* kein authentisches Dankopfer. Die Herzenshingabe an Gott, wie es gerade im Singen geschieht, ist das *Beste* (Str. 7), was der Mensch in der »praxis pietatis« zu bieten hat, denn Gott sieht eben ins Herz. Am Liedschluss steht dann das kühne Bild vom Herz als *Hütte* Gottes, insofern Gott in der Kraft des Heiligen Geistes »in euch wohnet« (Römer 8,11). Strophe 8 bittet zuvor um das Geleit durch Gottes Engel (in Anlehnung an das berühmte Engelwort von Psalm 91,11). Strophe 9 rekurriert mit der Wendung *zum Besten* auf Römer 8,28: »Denen, die Gott lieben, müssen alle Dinge zum Besten dienen.«

Wie beim Abendlied *Nun ruhen alle Wälder* lassen sich sprachlich Bezüge zu Mitgliedern von Gerhardts Berliner Gastfamilie aufzeigen, hier über die Initialen ihrer Namen. Evident ist zudem das in die erste Strophe eingetragene Motto SDG (Soli Deo Gloria): Die Zielworte der ersten drei Zeilen beginnen mit S, D, G – ***S**inge/**D**inge/**G**üter.*

Quid metuam? alarum me spissa vmbracla Iehovæ
Involvunt, ne ira concoquar igne trucis.

Daniel Cramer: Emblemata Sacra. Frankfurt 1624, Herzemblematik mit Inscriptio: „Ich werde beschirmt." (Das Herz wird von einem Flügelpaar aus einer göttlichen Wolke beschirmt.) Cramer dichtet an Ps. 91,1: „Daß die des Tags die heisse Sonn Nicht schad / und Mond bei Nacht: Hält Gott mit seinen Flügeln schon / über dir bestellt die Wacht."

Interpretation VIII – *Sollt ich meinem Gott nicht singen*

1. Sollt ich meinem Gott nicht singen,
Sollt ich ihm nicht
fröhlich [dankbar] sein?
Denn ich seh in allen Dingen,
Wie so gut er's mit mir mein'.
Ist doch nichts als lauter Lieben
Das sein treues Herze regt,
Das ohn Ende hebt und trägt,
Die in seinem Dienst sich üben.
Alles Ding währt seine Zeit,
Gottes Lieb in Ewigkeit.

2. Wie ein Adler sein Gefieder
Über seine Jungen streckt,
Also hat auch hin und wieder
Mich des Höchsten Arm gedeckt,
Alsobald im Mutterleibe,
Da er mir mein Wesen gab
Und das Leben, das ich hab
Und noch diese Stunde treibe.
Alles Ding ...

3. Sein Sohn ist ihm nicht zu teuer.
Nein, er gibt ihn für mich hin,
Dass er mich vom ewgen Feuer
Durch sein teures Blut gewinn.
O du ungegründter Brunnen,
Wie will doch mein schwacher Geist,
Ob er sich gleich hoch befleißt,
Deine Tief ergründen können?
Alles Ding ...

4. Seinen Geist, den edlen Führer,
Gibt er mir in seinem Wort,
Dass er werde mein Regierer
Durch die Welt zur Himmelspfort.
Dass er mir mein Herz erfülle
Mit dem hellen Glaubenslicht,
Das des Todes Reich zerbricht
Und die Hölle selbst macht stille.
Alles Ding ...

5. Meiner Seelen Wohlergehen
Hat er ja recht wohl bedacht.
Will dem Leibe Not zustehen,
Nimmt er's gleichfalls wohl in Acht.
Wenn mein Können, mein Vermögen
Nichts vermag, nichts helfen kann,
Kommt mein Gott und hebt mir an
Sein Vermögen beizulegen.
Alles Ding ...

6. Himmel, Erd und ihre Heere,
Hat er mir zum Dienst bestellt.
Wo ich nur mein Haupt hinkehre,
Find ich, was mich nährt und hält.
Tier und Kräuter und Getreide
In den Gründen, in der Höh,
In den Büschen, in der See,
Überall ist meine Weide.
Alles Ding ...

7. Wenn ich schlafe,
wacht sein Sorgen
Und ermuntert mein Gemüt,
Dass ich alle liebe Morgen
Schaue neue Lieb und Güt.
Wäre mein Gott nicht gewesen,
Hätte mich sein Angesicht
Nicht geleitet, wär ich nicht
Aus so mancher Angst genesen.
Alles Ding ...

8. Wie so manche schwere Plage
Wird vom Satan rumgeführt,
Die mich doch mein Lebetage
Niemals noch bisher gerührt.
Gottes Engel, den er sendet,
Hat das Böse, was der Feind
Anzurichten ist gemeint,
In die Ferne weggewendet.
Alles Ding ...

9. Wie ein Vater seinem Kinde
Sein Herz niemals ganz entzeucht,
Ob es gleich bisweilen Sünde
Tut und aus der Bahne weicht,
Also hält auch mein Verbrechen
Mir mein frommer Gott zu gut,
Will mein Fehlen mit der Rut'
Und nicht mit dem Schwerte rächen.
Alles Ding ...

10. Seine Strafen, seine Schläge,
Ob sie mir gleich bitter seind,
Dennoch, wenn ich's recht erwäge,
Sind es Zeichen, dass mein Freund,
Der mich liebet, mein gedenke
Und mich vor der schnöden Welt,
Die uns hart gefangen hält,
Durch das Kreuze zu ihm lenke.
Alles Ding ...

11. Das weiß ich fürwahr und lasse
Mir's nicht aus dem Sinn entgehn:
Christen Kreuz hat seine Maße
Und muss endlich stille stehn.
Wenn der Winter ausgeschneiet,
Tritt der schöne Sommer ein.
Also wird auch nach der Pein,
Wer's erwarten kann, erfreuet.
Alles Ding ...

12. Weil denn weder Ziel noch Ende
Sich in Gottes Liebe find,
Ei, so heb ich meine Hände
Zu dir, Vater, als dein Kind,
Bitte, wollst mir Gnade geben,
Dich aus aller meiner Macht
Zu umfangen Tag und Nacht
Hier in meinem ganzen Leben,
Bis ich dich nach dieser Zeit
Lob und Lieb in Ewigkeit.

Angaben zum Lied

EG 325 (ohne Str. 8, 9); 12 Strophen, zehnzeilig mit Refrain Z. 9–10; Reimschema: ababcddcee
Erstmals gedruckt 1653 in PPM, Rubrik »Lob- und Danklieder«. Entstehungszeit nicht nachweisbar. Melodiezuweisung im EG: *Lasset uns den Herren preisen* (Text: Johann Rist, Melodie: Johann Schop 1641)

Interpretation

Gerhardt lässt sich hier von der neuen Strophenform eines zeitgenössischen Liedes anregen: 1641 ist vom Jahrgangsgenossen Johann Rist die Gedichtsammlung *Himmlische Lieder* erschienen in Vertonungen durch den Hamburger Johann Schop (um 1590–1667). Das Osterlied *Lasset uns den Herren preisen* bietet erstmalig diese zehnzeilige Strophenform. Bei Rist ist nur die letzte Zeile stets identisch: *Freue dich, o Christenheit.* Diese Refrain-Idee – in Verbindung mit der am Ende zwingend in die obere Oktave führenden Schop-Melodie – hat Gerhardt offensichtlich zu seinem für ihn formal einzigartigen Kehrvers-Lied motiviert. Er übernimmt von Rist sogar den Schlussreim *-eit*, allerdings, um in einem stets zweizeiligen Refrain (irdische) *Zeit* und *Ewigkeit* als Reim-Pole zu profilieren. Dem vielzitierten »Alles hat seine Zeit« aus Prediger Salomo 3,1 (mit Entfaltung in den Folgeversen) – jetzt *Alles Ding währt seine Zeit* – stellt er *Gottes Lieb in Ewigkeit* als Pointe gegenüber. Die zeitliche Begrenzung alles Irdischen relativiert Leiderfahrung (*Christen Kreuz* Str. 10/11) und hält das Negative in Grenzen, was als Konsequenz aus eigener menschlicher Verfehlung (Gottes *Rute, Strafen, Schläge* Str. 9/10) ernst zu nehmen ist. Gottes Handeln für den Menschen ist aber prinzipiell ein Handeln aus *lauter Lieben* (Str. 1), kennt de facto keine Grenzen (Str. 12) und bleibt in Ewigkeit (vgl. 1. Kor 13,8).

So meint der Refrain-Reim *Zeit/Ewigkeit* letztlich keinen Gegensatz – schon im zeitlichen Leben ist überall Gottes Liebe zu entdecken. Die

Strophen 2 bis 4 beschreiben trinitarisch das Wohltun Gottes des Vaters als Schöpfer (Str. 2), des *Sohnes* als Erlöser (Str. 3) und des Heiligen *Geistes* als Regent und Durchsetzer des Lebens (Str. 4). In den Strophen 5 bis 8 ist die »Fürsorge« Gottes für die von ihm geschaffenen Menschen entfaltet bis hin zur Bewahrung vor dem Satanischen (Str. 8). Dass Gott die Menschen trotz ihres schuldhaften Abweichens *aus der Bahn* (Str. 9) seiner Gebote nicht völlig im Stich lässt, ist ebenfalls Zeichen seiner Liebe als *Vater* (Str. 9) wie als *Freund* (Str. 10).

Mit dem schönen Naturbild vom *ausgeschneiten Winte*r, dem aller Erfahrung nach der *schöne Sommer* folgt (Str. 11), wird die Hoffnung auf ein Ende aller irdischen *Pein* plausibilisiert. Die Schlussstrophe formuliert Gerhardt wieder als Bitte, als Gebet des vertrauensvollen Gotteskindes, mit der Pointe, dass der Kehrvers modifiziert wird: *Zeit* und *Ewigkeit* sind im Glauben kein Gegensatz. Schon im irdischen Leben kann der Mensch *mit aller seiner Macht* Gott *umfangen*, was ins ewige *Loben* und *Lieben* direkt mündet. Und so ist die rhetorische Frage der ersten Liedzeile definitiv beantwortet.

Johann Crüger hat zum Osterlied von Rist eine eigene Melodie geschaffen, die er 1653 auch für Gerhardts Lied vorsah. Diese hat sich aber gegenüber der Originalmelodie von Schop, die sicher auch Gerhardt beim Nachdichten vor Augen/im Ohr hatte, nicht durchgesetzt.

Interpretation IX – *Nun ruhen alle Wälder*

1. Nun ruhen alle Wälder,
Vieh, Menschen, Städt' und Felder,
Es schläft die ganze Welt.
Ihr aber, meine Sinnen,
Auf, auf, ihr sollt beginnen,
Was eurem Schöpfer wohlgefällt.

2. Wo bist du, Sonne, blieben?
Die Nacht hat dich vertrieben,
Die Nacht, des Tages Feind.
Fahr hin! ein andre Sonne,
Mein JEsus, meine Wonne,
Gar hell in meinem Herzen scheint.

3. Der Tag ist nun vergangen,
Die güldnen Sternlein prangen
Am blauen Himmelssaal.
So, so werd ich auch stehen,
Wann mich wird heißen gehen
Mein GOtt aus diesem Jammertal.

4. Der Leib, der eilt zur Ruhe,
Legt ab das Kleid und Schuhe,
Das Bild der Sterblichkeit.
Die zieh ich aus, dargegen
Wird Christus mir anlegen
Den Rock der Ehr und Herrlichkeit.

5. Das Haupt, die Füß und Hände
Sind froh, dass nun zum Ende
Die Arbeit kommen sei.
Herz, freu dich: du sollst werden
Vom Elend dieser Erden
Und von der Sünden Arbeit frei.

6. Nun geht, ihr matten Glieder,
Geht, geht und legt euch nieder,
Der Betten ihr begehrt.
Es kommen Stund und Zeiten,
Da man euch wird bereiten
Zur Ruh ein Bettlein in der Erd.

7. Mein Augen stehn verdrossen,
Im Hui sind sie verschlossen.
Wo bleibt denn Leib und Seel?
Nimm sie zu deinen Gnaden,
Sei gut vor [für] allen Schaden,
Du Aug und Wächter Israel.

8. Breit aus die Flügel beide,
O JEsu, meine Freude,
Und nimm dein Küchlein ein.
Will Satan mich verschlingen,
So lass die Englein singen:
»Dies Kind soll unverletzet sein.«

9. Auch euch, ihr meine Lieben,
Soll heute nicht betrüben
Kein Unfall noch Gefahr.
Gott lass euch ruhig schlafen,
Stell euch die güldnen Waffen
Ums Bett und seiner Helden [Engel] Schar.

Abendstimmung bei Altthymen (Brandenburg)

Angaben zum Lied

EG 477; 9 Strophen, sechszeilig; Reimschema: aabccb
Erstmals erschienen bereits 1647 in PPM als erstes Lied der »Täglichen Abendgesänge«. Entstehungszeit nicht nachweisbar, evtl. zum Abendgebet in Gerhardts Berliner Gastfamilie bestimmt. Melodiezuweisung: *O Welt, ich muss dich lassen*, ein Sterbelied (1555) zur Melodie des berühmten Abschiedsliedes *Innsbruck, ich muss dich lassen* in der Fassung von Heinrich Isaac (um 1495). Im Tandem mit dem Morgenlied *Wach auf, mein Herz, und singe* fand dieses Lied die wohl schnellste und auch weiteste Verbreitung aller Gerhardt-Lieder.

Interpretation

Dieses Abendlied hat Generationen von Kindern (namentlich mit der 8. Strophe) in den Schlaf begleitet und gleichsam als Volkslied seine Funktion bis heute behalten. Gerhardt beschreibt detailliert die Vorgänge beim Zubettgehen und deutet diese im geistlichen Sinne auf das Sterben am Abend des Lebens, analog zur klösterlichen Tradition des Nachtgebets (Complet). Mit großer Gelassenheit übt das Lied ins Loslassenkönnen ein. Am Ende stehen zwei Bittstrophen um die konkrete Bewahrung in der kommenden Nacht.

Die Strophen sind thematisch jeweils in zwei Hälften geteilt. In den ersten drei Zeilen beschreibt Gerhardt die äußerlich wahrnehmbare Seite der Lebensvorgänge: die abendliche *Ruhe* in Wäldern, Städten, Feldern, bei Vieh und Menschen, das Ablegen der Kleider, das Sich-zur-Ruhe-Hinlegen, das Schließen der Augen. Das Blickfeld zoomt sozusagen von Strophe zu Strophe immer näher vom weitesten Horizont der Gestirne über Kleidung und Körperglieder bis zu den müden Augen. In den Zeilen 4 bis 6 erfolgt jeweils eine gleichnishafte Übertragung ins Geistliche (Allegorese), oder es wird eine theologische Antithese gesetzt: Christus ist die wahre *Sonne* (Str. 2), die weiter in der Nacht scheint, und Gott als Wächter Israels schläft und schlummert nicht (Psalm 121, vgl. Str. 7). Die berühmte Strophe 8 mit den oft missverstandenen *Küchlein* spielt an auf Matthäus 23,37, wo Jesus sich mit einer Gluckhenne vergleicht, die ihre Küken unter ihren Flügeln versammelt. In der Schlussstrophe kann man in Zeile 2 den Namen von Gerhardts Gastfamilie (*ihr meine Lieben,* Z. 1) identifizieren (Textfassung PPM 1653):

S**OL** **H**ein**T**e nit **BETR**üben **BERTHOLT**

Der in Leipzig wirkende Komponist der Spätromantik, Sigfrid Karg-Elert (1877–1933), rechnete Gerhardt mit Joseph von Eichendorff (1788–1857) zu den herausragenden deutschen Romantikern (!) und hat beim dritten seiner *Symphonischen Choräle für Orgel*, op. 87 (1911), dieses Abendlied als »Programmatische Vorlage« gewählt. Zur Orgel hinzu treten die als Engelsinstrument symbolträchtige Violine und eine Sängerin, welche die Strophen 7 und 8 explizit vorträgt, während die anderen Liedtexte dem instrumentalen Vortrag in den Noten nur unterlegt sind – ein faszinierendes Beispiel für die künstlerische Neuaneignung eines Gerhardt-Liedes in völlig verändertem geistesgeschichtlichem Kontext.

Sigfrid Karg-Elert, Symphonischer Choral „Nun ruhen alle Wälder" op. 87,3 (1907); Ausschnitt aus der Stimme für Violine und Sopran, Wiesbaden: Breitkopf und Härtel

BIBLIOGRAPHIE

Werkausgaben

Paul Gerhardt: Geistliche Andachten (1667). Samt den übrigen Liedern und den lateinischen Gedichten, hrsg. von Friedhelm Kemp, mit einem Beitrag von Walter Blankenburg, Bern 1975. *Faksimile-Druck der Ebeling-Gesamtausgabe von 1666/67*
Vgl. den Scan im Internet bei digital.staatsbibliothek-berlin.de

Paul Gerhardt: Wach auf, mein Herz, und singe, hrsg. von Eberhard von Cranach-Sichart, Wuppertal 2007 (5. Auflage, Erstausgabe 1949). *Vollständige Ausgabe der damals bekannten 139 Lieder und Gedichte, mit Bibliographie*

Paul Gerhardt: Geh aus, mein Herz. Sämtliche deutsche Lieder, hrsg. von Reinhard Mawick, Leipzig 2006.

Paul Gerhardt: Geistliche Lieder, hrsg. von Dorothea Wendeburg unter Mitarbeit von Andreas Stegmann (Reclams Universal-Bibliothek 1905[8]), Stuttgart 2013.

Paul Gerhardt: Die deutschen Lieder und Gedichte, hg. v. Karl-Maria Guth, Berlin 2017.

Sekundärliteratur

Siehe den Link zur (immer wieder aktualisierten) Bibliographie auf der Homepage der Paul-Gerhardt-Gesellschaft: https://paul-gerhardt-gesellschaft.de/bibliographie/

Ebda. sind die Publikationen der Paul-Gerhardt-Gesellschaft mit Inhaltsverzeichnis der Einzelbeiträge gelistet:

Beiträge der Paul-Gerhardt-Gesellschaft, Bd. 1–11, Berlin: Frank und Timme, 2006–2020.

Neue Beiträge der Paul-Gerhardt-Gesellschaft, Leipzig: Evangelische Verlagsanstalt, Bd. 1 (2024), Bd. 2 (2025) (wird fortgesetzt).

Gesangbuchausgaben

Viele der relevanten historischen Gesangbücher sind als Scan im Internet einzusehen.

Siehe vor allem die erste greifbare Edition der PRAXIS PIETATIS MELICA (1653) bei www.digitale-sammlungen.de.

NAMENSREGISTER

Name, Lebensdaten

ABBILDUNGSNACHWEISE

© Stiftung Stadtmuseum Berlin, Foto: Albrecht Henkys: *S. 16, 46, 52, 73*

© Stiftung Stadtmuseum Berlin, Foto: Matthias Viertel: *S. 14, 100*

Paul-Gerhardt-Kapelle © Foto Stadt Gräfenhainichen: *S. 17*

Paul-Gerhardt-Haus © RC Luftbilder, Foto Steffen Krause: *S. 17*

© Fürstenschüler-Stiftung – Archiv zur Geschichte der sächsischen Fürsten- und Landesschulen Grimma und Meißen: *S. 19*

© Reformationsgeschichtliche Forschungsbibliothek Wittenberg, Ev. Predigerseminar, Kupferstichsammlung: *S. 20, 22, 65*

© Martin-Luther-Universität Halle-Wittenberg, Universitäts- und Landesbibliothek Sachsen-Anhalt, https://nbn-resolving.org/urn:nbn:de:gbv:3:3-55841/fragment/page=00000007: *S. 21*

Standort: Herzog August Bibliothek Wolfenbüttel: Portr. I 2008.2 (public domain): *S. 23*

© Museum Viadrina, Frankfurt/Oder: *S. 24*

Standort: Sammlung Stadtmuseum Berlin: *S. 27, 30, 33, 36, 51, 58, 59, 66, 67, 71, 85, 117, 161*

© Paul-Gerhardt-Gesellschaft e.V., Foto: Theo Querhammer, 2024: *S. 29*

© Evangelischer Kirchenkreis Zossen-Fläming, Foto: Friedemann Düring: *S. 34, 35*

Standort: Stadtmuseum Berlin | Museum Nikolaikirche, Dauerleihgaben der Evangelischen Kirchengemeinde St. Marien - Friedrichswerder: *Tafel 2; S. 39, 41, 45, 68, 74, 77, 101*

© Stiftung Stadtmuseum Berlin, Foto: Claudia Wasow-Kania: *S. 42, 50, 60, 103*

© Paul-Gerhardt-Verein Lübben e. V., Foto: Ilja Melcher, 2010: *S. 48*

Standort: Staatsbibliothek zu Berlin – Preußischer Kulturbesitz, Gemeinfrei: *S. 49, 95*

Standort: Niedersächsische Staats- und Universitätsbibliothek Göttingen, Gemeinfrei: *S. 53, 91*

© Foto: Anke und Jan Großmann: *S. 54*

© LWL-Museum für Kunst und Kultur, Westfälisches Landesmuseum, Münster/Porträtarchiv Diepenbroick: *Tafel 1; S. 55*

Standort: München, Bayerische Staatsbibliothek – H.ref. 80, kein Urheberrechtsschutz - nur nicht kommerzielle Nutzung erlaubt.: *S. 61*

Standort: München, Bayerische Staatsbibliothek – 4-href-834-u, kein Urheberrechtsschutz – nur nicht kommerzielle Nutzung erlaubt.: *S. 63*

© Staatsbibliothek zu Berlin – Preußischer Kulturbesitz, Handschriftenabteilung: *S. 70, 93, 96, 113, 163*

© aus: Hans-Joachim Beeskow: Paul Gerhardt – Eine Text-Bild-Biographie, Heimat-Verlag Lübben 2006, ISBN 3-929600-30-7, *S. 55*; das Original befindet sich in der Sammlung des Berlinischen Gymnasiums zum Grauen Kloster (Streitsche Stiftung): *S. 70*

Standort: Bibliothek der Franckeschen Stiftungen, Halle, Saale, Gemeinfrei: *S. 72*

© Stiftung Stadtmuseum Berlin, Foto: Michael Setzpfandt: *S. 75, 81*

© Stiftung Preußischer Kulturbesitz, Geheimes Staatsarchiv, Berlin: *S. 79*

Standort: BLHA (Brandenburgisches Landeshauptarchiv), Rep. 23 A, Kurmärkische Stände, Nr. B 562: *S. 83*

Standort: München, Bayerische Staatsbibliothek – Res/Liturg. 1374 a, kein Urheberrechtsschutz – nur nicht kommerzielle Nutzung erlaubt.: *S. 98*

© bpk/Staatsbibliothek SPK Sammlung Wernigerode Hb 657: *S. 104*

© Foto: Peter Knüvener: *S. 121*

https://books.google.de/, Gemeinfrei: *S. 124*

Standort: Universität Marburg, Gemeinfrei: *S. 127, 128*

https://hymnary.org, Gemeinfrei: *S. 131*

Standort: Schweinfurt, Bibliothek Otto Schäfer – Gerh 45 I sl 1667 vt 02: *S. 141*

Standort: Staatsbibliothek zu Berlin - Preußischer Kulturbesitz, Berlin, Germany – 26 in: Ms. Boruss. fol. 200, Gemeinfrei: *S. 143*

Notensatz: Konrad Klek: *S. 145*

Standort: München, Bayerische Staatsbibliothek – P.o.germ. 443 nc, kein Urheberrechtsschutz – nur nicht kommerzielle Nutzung erlaubt: *S. 146*

Standort: München, Bayerische Staatsbibliothek – Liturg. 1372, Kein Urheberrechtsschutz – nur nicht kommerzielle Nutzung erlaubt: *S. 149*

Wikimedia. Gemeinfrei: *S. 150*

© Strube Verlag, München. Gemeinfrei: *S. 153*

© 2003 Gerth Medien in der SCM Verlagsgruppe GmbH – alle Rechte vorbehalten. Gemeinfrei: *S. 155*

© Günter und Ute Grass Stiftung, Lübeck: *S. 157*

© Foto: Albrecht Henkys: *S. 169*

aus: Breitkopf & Härtel: *S. 171*

DIE AUTOREN

Claudia Wasow-Kania, M.A., Jahrgang 1967, lebt in Berlin. Sie hat Kunstgeschichte und Geschichte an der Humboldt Universität zu Berlin studiert und ist als Vermittlerin und Ausstellungskuratorin zur Kunst- und Stadtgeschichte in Berliner Museen tätig (Stiftung Stadtmuseum Berlin, Mitte Museum, Museum Reinickendorf). In der Nikolaikirche Berlin war sie an der Konzeption der Paul-Gerhardt-Station beteiligt.

Konrad Klek, Prof. Dr. theol., Jahrgang 1960, hat Evang. Theologie und Kirchenmusik studiert. Seit 1999 ist er Professor für Kirchenmusik und Universitätsmusikdirektor an der Friedrich-Alexander-Universität Erlangen-Nürnberg. Neben künstlerischer Tätigkeit als Chorleiter und Organist ist er vielseitig wissenschaftlich tätig, u. a. im Bereich der Hymnologie. Seit 2015 ist er Präsident der Paul-Gerhardt-Gesellschaft e. V.

Albrecht Henkys, geboren 1954 in der Niederlausitz, absolvierte nach der Schulzeit eine Schriftsetzerlehre und wurde nach Verweigerung des Wehrdienstes auf Umwegen Restaurator am Märkischen Museum (später Stadtmuseum) Berlin. Schon früh trat er auch mit Ausstellungskonzepten hervor und war 2007 federführend an der Ausstellung zum 400. Geburtstag Paul Gerhardts in der Berliner Nikolaikirche beteiligt. Ab 2008 leitete er deren museale Neueinrichtung und wirkte dort bis 2023 als Kurator, wobei er stets auch das Erbe Paul Gerhardts im Blick hatte.